今天，我想休息一天

오늘은 이만 좀 쉴게요

孫力燦（緒方真理人）/손힘찬 —— 著
葛瑞絲 —— 譯

CLAM

作者序
Preface

我們從小學到的，就是要獲得某種成就、擅長某件事才能被認可，所以，只要放下太沉重的責任或過多的義務稍作休息，就會產生罪惡感、覺得不自在。一邊在意別人，一邊激烈地競爭，還要在忙亂中保護好自己才能在這世界上存活，長期生活在這種焦慮之下，只會加重壓力和疲勞。除非是逃到山裡、不食人間煙火，否則在現實生活中幾乎不可能逃避這種壓力。

想法的海浪會在瞬間捲起並籠罩著我們，所以要懂得如何乘風破浪，不過，「尊重自己也正確對待他人」並非這方面的正確答案。即使接觸到偉大學者的哲學，如果不適合我，那就只是個知識罷了。我們的生活不斷收到超載的資訊、社會氛圍以及他人意見的影響，這樣持續久了，生活根基開始動搖，外在與內在的差距開始拉大。這時若想穩住核心就要休息才行，若想要好好休息，當然就要先妥善整理腦海中的想法，必須從過去受到的傷害或此刻傷腦筋的事情開始解決，之後再整理想法。

我觀察許多人的生活，聽很多人說他們的故事，發現大部分的問題都是人際關係，也就是與他人的連結。說實在的，人際關係或生活方法因人而異，所以我不會強調我的想法，只想告訴你「也有這樣的觀點」。我並不期待你把我的想法當作正確答案，只願能在你處理問題時多少帶來一點幫助。

請你先把書闔上，閉上眼睛（光是閉上眼睛，也對安定心靈有很大的幫助，所以一定要試試）。

然後，我希望你能對阻礙你休息的絆腳石說：

「今天，我想休息一下！」

期盼各位在讀這本書的時候，能暫時放下縈繞在腦中的複雜想法，擁有片刻放鬆的時間，也希望你能領悟到真正休息的方法。

目　錄
Content

2

重寫關於自尊心的內心戲

3

有淚、有遺憾的愛情讓我成熟

4
人生很好，只是偶爾不順心

1

就像我們無法愛所有人，
我們也無法被所有人喜歡

關係越親近就越重要

相愛的人會爭吵不休，是因為彼此的身心非常靠近，連微小的想法差異也會產生衝突；連最要好的朋友之間也會因為小爭執而立刻疏遠。倘若能和解並重修舊好就再好不過了，可是稍有不慎，關係可能永遠無法挽回。儘管很悲傷，但這就是人際關係的現實面。

尤其家人更是紛爭不斷的關係，我們無法選擇家人，也無法輕易離開，如果在這段關係中持續受傷，就建議暫時保持距離。當然，能分開各自生活是最好的，但如果現實狀況不允許，那就除了睡覺時間以外，其他時間都離開家裡，這也是一個方法，等於是採取盡可能避免見面的策略。

希望在與家人分開的時間，你能全心地栽培自己，這是因為你需要時間準備：足夠包容他們的內心空間和經濟能力。

在珍視、愛惜的物品或人身上，哪怕只是出現了微小的瑕疵，你有多珍惜就會感受到多強烈的痛苦和傷害；家人也是如此，因為彼此太過親近，今天你可能會徹夜未眠苦思著那些讓人愛恨交織的關係。倘若家人、朋友、愛人、親戚、鄰居等各種關係，能共同努力為彼此著想，並且改正錯誤，都是非常珍貴且有意義的事情。

有時候太過親近也會有風險

「在人際關係中，若不想受到傷害，就要保持適當的距離。」許多人都會異口同聲地這麼說。然而，保持距離並不像說的這麼容易。那麼該怎麼辦呢？

假設你剛認識一個人，正在慢慢了解他時，你們的關係可能會透過對話變得越來越深入，也可能停留在一定的程度、不再有進展。對於沒有進展的關係，放棄期望是很容易的。問題在於關係曖昧時，像是已經有了好感，卻在內心沒有戒備的情況下，聽到攻擊性的言論或者發生不好的事情，就很難冷靜地判斷。

與朋友或同事的關係變調時，你曾經出於信任而傾訴的煩惱都將成為你的弱點，甚至連內容都可能會被扭曲。建立在信任基礎上的對話可能會被扭曲和誇大，變成銳利的迴力鏢打在自己身上。過去傾訴的真心話，諷刺地變成打擊自己的工具。

若有朋友在了解我的弱點後還能尊重我、若有朋友能夠理解我好不容易才開口傾訴的真心，是一件非常值得喜悅和感謝的事。但是這樣的人很稀少，因此結交新的朋友時，我們得要斟酌「我要揭露自己多少」然後小心地說話，這種現實的狀況令人非常遺憾。

不必向所有人解釋

有段時間我會定期參加讀書會。因為當時我覺得跟朋友見面時總是談論相似的話題很可惜，而且我需要有人能以不同的視角來看待我。我對於他人的生活和故事相當好奇，希望透過與他們交談來發現一個全新的我。

在讀書會上，可以跟與會者自由地交換想法。每當在討論過程中覺得「這個人真的很不賴」時，就會非常開心。聆聽他人的思想片段就像閱讀一篇文章，窺視他人的生活就像讀一本書。

話說回來，也並非全都是愉快的時光，並不是每個話題的結論都像童話故事那樣以快樂的結局收場。有些人會以負面的眼光看待我的價值觀，有些人只看到一部分的我，並且抱持著偏見。只要一瞬間，關係就會改變、破裂。

這麼一來，在更深入地了解一個人之前，就會先遠離了。友誼的判斷標準不是對方的人品，而是「他是否與我站在同一陣線」這種方式。偏見、風評以及由此形成的氛圍都會對群體產生負面影響。一旦開始出現某個人的負面傳言，比起辨別真實與否，更多人會直接接受，認為那些都是真的。

帶有誤解的時候就無法順利的對話。要盡可能避免出現會損害自己名譽的言論，這樣的想法是沒有問題的，但就算有人對我抱持錯誤的偏見說我的壞話，也不需要費力地跟他追究，不需要太過在意。如果真的想要恢復名聲，就向大多數人展現他們想看到的我，而我真誠和坦率的面貌只需要讓少數人看見，這就足夠了。

利用對方弱點之人的心理

在犯罪心理學中，加害者在洗腦受害者時會讓受害者自我反省，讓受害者認為「所有狀況都是因自己而發生的，所以自己要負責」，如此合理化他們暴力行為並控制環境。在書店暢銷書的書櫃上能看到許多心理學的書籍，這些書籍之所以持續受到青睞，說不定是因為人類普遍都對於自身或他人心理的狀態很感興趣。

我們常會面臨像上述犯罪心理學的案例——加害者洗腦受害者的情況。在人際關係中，處於不利地位的人，也就是所謂的「乙方」，會將問題的責任歸到自己身上。明明是雙方的問題或者是加害者的錯誤，受害者卻會認為是自己的不對，而且處於「甲方」的人會一直利用對方，不想要改變對方自責的態度，有時候甚至會積極灌輸這樣的想法，這就是所謂的「煤氣燈效應（Gaslight）」。當有人與你形成這樣的關係，就很難期待對方慈悲，因為你越屈服忍耐，他就越有自信、越囂張。若你察覺到有人試圖控制你，你能採取的方式就是「保持堅決」。最好是不理會或者簡單扼要地回答，搭配毫不在乎的反應，如「喔！這樣啊！」、「嗯。對呀！」等。當你沒有反應時，對方就會失去興趣。無論對方再怎麼把問題的責任歸咎於你，也不要自責或是認為自己錯了，不需要太把他的話當一回事，只要聽聽就好，讓對方無法對你造成任何影響。

別因為對方似乎優於自己而害怕。無論性別、地位、年齡如何，所有人都是平等的，朋友和情侶的關係都要以平等為前提，不能因為對方比我年幼就失禮，也不能因為對方比我年長就無條件款待。我相信，學習彼此該學習的、改正該改正的，互相平等對待才是關係的基本。

不必跟別人的精選成就比較

世界上最沒有意義地浪費情緒的方式，就是跟別人比較。當然我偶爾也會因為跟他人比較而感到自卑，但我只會把這種比較當成動力，讓自己在目前的位置上更努力，不會超過這個程度。萬一過度比較，就只會加深愧疚感，折磨自己、讓自己受傷，再加上最大原因是你羨慕的是他的精選畫面。將他以精心計算的角度和構圖拍攝後修飾的照片，拿來跟自己平常憔悴的樣貌比較，這件事從一開始就是錯誤的，而且矛盾的是，人類都互相羨慕自己沒有的東西。不要在秤量自己和他人後獨自一人受傷，應該要感謝今天我創造的事情並練習愛它們。

1. 就像我們無法愛所有人，
我們也無法被所有人喜歡

羨慕別人是代表你嚮往他身上的某種特性，並不是希望成為那個人，所以只要追求那個特性，再融入自己的個性裡就行了。對於處於最底層的人來說，只有「向上爬」這件事；已經爬升到一定程度的人，只要維持在那個狀態就可以了。做這件事是容易還是困難，取決於你能否接受現狀，但如果無論如何都要前進，就在自己相信的道路上慢慢前進吧！而且思考如何利用自己已經擁有的東西，是不是比羨慕別人更有生產力呢？

如何應付假裝擔心卻實際在干預的人？

二十歲出頭時，我手裡什麼都沒有，不管再怎麼握緊拳頭，一切都像沙子一樣從指縫中流走。當時任何人都猜不到我的夢想是其他人眼中不切實際的工作——作家，連我也覺得自己太渺小了，所以不敢告訴任何人我想成為作家。儘管如此，我還是在空無一人的學校圖書館蒐集詞彙，累積實力，夢想著有一天能成為發揮廣大影響力的作家，同時我也認真審視自己的人生。經過那段時間後，我的散文集終於在二〇一八年出版，從此之後我才能堂堂正正地介紹自己是一位作家。

之前真的沒想過能夠實現夢想，因此我都隱藏在心中，但當時其實我非常害怕對身邊的人說出我的夢想。我想，就算對身邊的人說了，他們的反應也會是「寫文章怎麼能維生？」、「何必做賺不了錢的事呢？就把寫作當作興趣吧！」，因此我安靜地出版了我寫的書。我想，就算消息傳開了，他們得到的也只是評價我的機會。

在接受煩惱諮詢的時候，我發現許多人在宣布他們的目標後，在達成過程中無法忍受他人的眼光。他們覺得身邊的人不滿意自己所做的事情，因此非常辛苦。宣布出來是很帥氣的，但如果你沒有把握能實現宣言，少說點話也是一種保護自己的方法。關於前途和夢想的話題，只要對真正支持自己的人說就行了。如果你的身邊沒有這樣的人，就靠近那些和你朝著同樣目標前進的人。太關心別人事情的人總是豎起敏銳的觸角，找尋能誹謗的素材。倘若你能不被別人的話左右、直直地向前進，那麼堂堂正正地宣布目標也無妨，但若你沒有自信能戰勝他人的目光，就先等到做出一定成果、獲得成就感再說吧！成就感會帶給你自信，成果會保護你不被想貶低你的人傷害。

我現在也只會透露出我有把握的部分，不會刻意到處告訴別人未來遙遠的計畫。本來「目標」就是要實際證明後再公開才會顯得更加帥氣。讓心中懷抱的夢想像埋藏寶物一樣珍藏於心中吧！當你實現夢想後就會知道，實現願望的人胸中總是有股動力讓內心保持炙熱，而且無論何時都不會忘記。

應該要同理到什麼程度呢？

沒有人會比缺乏同理心的人更讓周圍的人感到不悅。但是，有時候無論你多麼盡力依然無法同理，對方卻期待你能同理，那就變得很尷尬了。我會盡量陪笑臉，努力理解對方的立場並同理，可是有時候不管我再怎麼努力思考還是無法理解。在這種情況下，到底是要坦率地說「我覺得不是那樣」？還是要先說我理解了，之後再講出我的想法？

特別是在接受煩惱諮詢的時候，非常多人的目的並不是想得到建議，只是希望我聽他說話，最後希望我完全同意他們的觀點。如果我反駁他們認為是絕對正確的事情，他們會有什麼反應呢？從那時起，我對他們來說就不是一個「好人」了。

人類擁有很強的同理心，而且生活中確實有些時刻需要同理（例如，在公司附和老闆的話、就算另一半做錯，偶爾也要認輸）。除此之外，還有許多情況需要注意別人的臉色，可是無論如何，我希望你能記得，同理絕對不是義務，無論是傾訴的人還是聆聽的人都一樣。如果只見一次面，勉強同理也沒有關係，然而，如果是要常常見到，當然要先傾聽，但不要過度附和對方，為了自己好，趕快轉換話題吧！越表示同理，對方就越會興致勃勃地講些你不想聽的事情，轉換話題就是在避免這種情況。同理也是一種情緒勞動，如果你的內心已經沒有多餘的力氣了，就適當地點點頭，然後如行雲流水般自然地轉換話題吧！

對待討厭我的人的態度

喜歡一個人沒有原因，討厭一個人也沒有具體的原因。不久前還與你相談甚歡的人、剛剛才笑著跟你道別的人，可能心裡很討厭你。說不定他們只是表面上很友善，但一轉身就開始毀謗你。

我每天都接受許多人的煩惱諮詢，其中相當多的人都是因為被某個特定的人討厭而擔憂。遇到這種情況時，我都會堅定地說：

「對於那些已經習慣無緣無故就詆毀別人的人，最好能從一開始就保持距離。如果太晚才發現，就要從發現的那時起保持距離，身體和心靈都要盡可能遠離，除非你喜歡找人吵架。」

就算努力要在討厭你的人面前好好表現，也只會讓你受到傷害，得不到任何好處。就像你不可能愛上每個人一樣，也不該期望所有人都愛你，不需要把注意力放在那些討厭你的人身上，甚至不重視自己。現代人的壽命最長是一百二十歲，關注我們所珍惜的人的精力都不夠了，何必在乎其他人呢？當然透過與自己意見分歧的人，確實能學習到自己身上有哪些問題，也能明白自己和哪些人不合。至於那些無緣無故討厭你的人，最好能篩選掉，但是你管不了別人的口，所以如果有誤會，就必須由你直接向他們說清楚。

雖然人際關係無法總是順自己的意，但是反過來說，我們也可以創造出自己想要的人際關係。經過種種過程後，最終會留下的人就是會留下來，之後只要與合得來的人建立深厚的關係就行了。

結束虛情假意的有毒關係

我一直過著太過在意他人眼光的生活，因為我希望能與別人相處融洽，但不知從何時開始，我所付出的好意卻成了別人理所當然享受的權利。當我意識到狀況已經不對、很難再扭轉時，就會自然而然地放棄，「算了，在我可以忍耐的範圍忍耐就好了，不要把事情鬧大」。

可是這樣真的是最好的嗎？如果你已經決定要忍耐，我不會阻止你，但至少我想要告訴你，讓你一個人辛苦的關係是有問題的。關係是由兩個人共同努力建立的，為什麼只有一方必須忍耐、感到不適呢？明明你能付出的都付出了、你能忍耐的都忍耐了，但如果對方沒有改變，那麼結束這段關係可能比你一直壓抑更好。倘若你試圖對話，卻只有單向的回應，並沒有得到理解和尊重，那麼我希望你不要浪費情緒在他身上。即使你刻意與他保持距離或斷絕關係，也不需要責怪自己變成壞人，他人並沒有資格指責你。有錯的反而是在一旁看著你遍體鱗傷的旁觀者。

執著在一段無法改變的關係對自己毫無幫助。所以，當成一個重新出發的起點，順便重新建立價值觀，如何呢？

支撐我生活的那些人

我第一次開始上班的時候，是搭高速公路客運通勤，下車前我都會向司機道謝。新聞上不難看到高速公路客運出車禍的事件，但這些司機都安全駕駛，讓我在半年以上的時間都平安無事。儘管司機說他只是在做他的工作，我卻很感激並體會到「我能如常生活都是因為有他們的努力守護」。

少了別人的努力，我肯定無法像現在這樣身心健康，而是會過著非常不便利的生活。這個世界上沒有什麼事情是理所當然的，我的生活之所以能夠一直這麼安全，都是因為如空氣般熟悉的環境一直在那裡。因此，懷著感激的心情是應該的。

總是支持你、陪伴你的人是多麼珍貴。當你聽到你相信會陪你共度一生的人突然離開這個世界的消息時，就會深刻領悟到他們的存在絕不是理所當然。

如果你因為害羞或沒必要的自尊心而說不出口，我希望你現在能鼓起勇氣表達，就算只有一句話也好。可以在早上出門前向準備早餐的父母簡單道謝說吃飽了、關心正在面臨難關的朋友，說一句鼓勵的話，或是向愛人告白「今天也很愛你」。如此開始一天。他們可能一直以來都在你沒察覺的時候這樣表達了。儘管表達方式會因關係而不同，但仔細想想，全都是在傳遞「你很珍貴」的訊息。

區分自己人的方法

為什麼在人際關係中發生衝突會很可怕？因為從彼此爭吵、轉身背對的那刻起就會開始選邊站，關於對方的誇大謠言和壞話會無法控制地增長。沒有一種話題能像說別人壞話那樣有趣，對於散播謠言的人來說，真相並不重要。

但相反地，有些人在真相未明之前不會隨便說話，要不然就是會直接詢問當事人發生了什麼事。當他們來問時，如果彼此的關係並不親近，只要輕描淡寫，之後遠離他就行了；如果確信對方是會相信自己的人，那麼至少要跟他們澄清。

想要分辨好人和垃圾，就要對他善良。如果他是好人，以後至少會想辦法回報你一次；如果他是垃圾，則會慢慢露出真面目。

——摩根．費里曼（Morgan Freeman）

朋友，是我選擇的家人

令人驚訝的事情是，會披上名為「朋友」的外衣，濫用這層關係的人比你想像的還要多。雖然在你遇到困難時理會你的人很少，但在你成功時真心恭喜你的人更少。朋友成功時不嫉妒也不自卑，這跟朋友失敗時沒有同情心一樣困難。不僅如此，在你成功時靠近你的朋友，後來在你遇到困難時不理你，真的能稱得上是朋友嗎？如果只是需要一個人說說話而聯絡，或是作為達成某種目的的手段，那麼這種關係就不是朋友，只是情緒的垃圾桶而已。

當我說我很辛苦時會立刻打電話或跑來問發生什麼事的人；當關於我

的負面消息傳開時，一定會跟我確認真相的人；能坦白地吐露心情、理解彼此的意見分歧，懂得真誠地尊重對方的人；這種關係才是真正的友誼。

或許會有人反問，當環境改變、距離遠離時，心的距離不是也會拉遠嗎？這是當然的。但是，還是有些人再次相遇後不會尷尬太久，很快就會感到自在，甚至連沉默也像在對話一樣；就算不常聯絡，還是能通宵分享這段時間累積的點滴，這樣的關係就是朋友。我很喜歡「好朋友，是我選擇的家人」這句話。跟他們在一起時，會帶給我平靜，不會不安，跟這樣的朋友在一起本身就是休息。

瀏覽聯絡人清單

我通訊錄裡的聯絡人超過一千人，但實際會聯繫的人不到十分之一。我不是會主動問候別人的類型，就算猶豫要不要詢問近況，後來也還是只會聯絡平常就在聯絡的人。然而我偶爾會瀏覽通訊錄，但因為聯絡人太多，光是瀏覽也花了三十分鐘，等我發現之後就覺得這種事真的沒有意義。英超聯賽的教練亞歷克斯．佛格森（Sir Alex Ferguson）曾留下一句名言：「社交平台是在浪費人生。」或許這句話的意思是指花心思關注毫無意義的關係本身就是浪費時間。

某篇以管理人脈為主題的報導中提到一個統計數據，成年男女中有

87.1%的人認為有必要進行人際關係斷捨離，他們想要在聯絡人中刪除會帶來壓力的人，或者想要定期整理聯絡人。看來整理人際關係也成為現代人生活中的一種習慣。

不過想必每個人內心深處都會有一絲期待，是不是只要稍微勇敢一點問候就能找回錯過的緣分？有時我會想「會不會有人跟我的想法一樣？會不會有人像我一樣握著手機猶豫不決？」。倘若一次的問候能找回錯過的緣分，那就跟變魔術一樣。假如瀏覽聯絡人的行為只是一個偶然，那麼讓偶然變成緣分的方法就是不再彆扭、滿懷期望地按下訊息傳送鍵。

排行關係是自我矮化的毒瘤

在學生時期，每個班級都會有一些團體掌控班上氣氛、凌駕在其他學生之上，有些同學為了加入這些團體而貶低自己，甚至自稱「二等公民」。這種班級的風氣到現在看來似乎並沒有什麼改變，未來這種決定排行、區分等級的團體文化似乎不會輕易消失。

我自己在學生時代也很在意這種階級結構，原本以為離開校園後應該會稍微不同，但出社會後仍然經常看到爭權奪利和決定排行的人。如果爭權奪利和競爭的習性深深刻印在我們的DNA上，那或許這就是無可避免的。只是，問題在於排行一旦確定，排在前面的人即使言行無禮，甚至越線，大家也會認為沒什麼大不了；如果排在後面的人提出異議，其他人就會說：「我們之間應該開得起這樣的玩笑吧？」忽略他的意見，或是把「認真的傻子」的標籤貼在他身上，說他搞砸氣氛。更過分的是，親切的人會被視為好欺負的人，關係越親近就越隨便對待。究竟是從什麼時候開始，表達自己信念的人變成了「認真的傻子」呢？群體中很有影響力的人或者被崇拜的人說的話會被正面解讀，但是被瞧不起的人說的話則會被負面看待。在這樣的氛圍中，發脾氣的人會被看作是奇怪的人，其他人會用「因為我們關係很好啊」或者「你不喜歡就要早點說出來啊！」等邏輯敷衍帶過。這樣的言行不僅壓制一個人的言論自由，還在受害者的內心留下無法抹滅的傷口。

“物品是要用的，人是要愛的，不要顛倒了。

——約翰・鮑威爾（John Joseph Powell）《透過信仰之眼》（Through The Eyes Of Faith）”

要一一面對說閒話的人嗎？

誹謗他人的人通常有這樣的心理：

1. 嫉妒別人成功，想要把對方踩在腳底下來得到優越感。
2. 他們眼中不如自己的人竟然領先自己，因此產生危機感。
3. 對方是自己從未認可過的人，所以無法相信。
4. 沒有任何原因，就是不喜歡。
5. 因為周圍的人都在謾罵，所以也配合別人。
6. 喜歡以暴力欺壓他人。
7. 原本就很會挑出他人的缺點。

8.無事可做。

當然除了這些之外還有其他特徵，但可以概括地說，這些人很容易自卑、只會吹噓自己的優點，卻對於自己的缺點視若無睹、充耳不聞。換句話說，他們並沒有正確了解自己。無法客觀看待自己的人的評價也不值得參考，沒必要用來衡量自己的價值。我們固然要向他人清楚表達自己的想法，但不必浪費時間向硬是要誹謗你的人解釋。那些人已經討厭你了，無論你做什麼，他們都不會看好你。希望你能相信身邊的人，堅定地朝向目標邁進。如果有人在你背後謾罵，那就證明你已經走得比他們更前面了。

這種關係需要繼續維持嗎？

有一陣子我每天收到的煩惱諮詢大多都是談論在人際關係中遇到的困難。雖然只聽到諮詢者的說法無法百分之百客觀地看待狀況，但很神奇的是，發生衝突的背景都有一個共通點。令當事人煩惱的往往是對方的邏輯：「你對我的判斷有誤，你的看法是錯的。是因為你不信任我、懷疑我才會誤會我。」

簡單來說，對方總認為自己是對的。面對這樣的人，不可能透過對話解決問題。對話是指雙方面對面交流，但其中一方轉過身去只講自己的話，怎麼可能消除誤解呢？雖然大家都說每個人都戴著有色眼鏡來看待世界，但如果以過於狹窄的觀點面對衝突，就連看似容易處理的問題也解決不了。這些人的另一個共同點是，即使已經在對方面前和解，還是會在背後說對方的壞話，給對方帶來壓力。也許他們是因為自卑，無論如何都要貶低他人來提升自己的價值，雖然不清楚出發點是什麼，但如果他們有一天能客觀地看待自己，發現自己得要這樣生活，必然會感到很難為情。

沒有人會因為遠方的狗在吠叫就一起吠叫。他們不懂得認定你的真心，而是急忙地保護自己，就可憐他們、就接受吧！可能會讓你覺得刺耳，但他們根本無法影響你的人生。不過如果你還是要問我該怎麼處理與這樣的人的關係，那麼我會清楚地重申：「已經經歷過一次了，你還不知道該怎麼做嗎？」

要具體且多樣地表達

有時候我不容易表達我的心意。即使我仔細描述了我所看到的海邊美景，或者展示在海邊拍的照片，對方很有可能只會理解到「這海邊還不錯」，不會有更深入的解讀。人們往往只會解讀並理解他們已知的事情，甚至會假裝理解那些實際上無法理解的事情。

我贊同不需要百分之百理解對方所說的每句話。如果想要理解，就需要對那人的背景知識有深入了解，還需要高度的專注力，只是在日常對話中，我們並不會花費那麼多的精力。應該每個人都曾經在某些關係中，因為無法表達自己真正的想法而失望過。但是，反過來想，我們也不是每時每刻都會接受對方的真心。人就是這麼自私且矛盾的存在。

但是有一個方法能更有效地傳達自己的心意，那就是用不同以往的方式表達。「我愛你」這句話，在電話中說和親自面對面說，感覺就不一樣；同樣的長文訊息，用電子郵件或即時通訊軟體傳達跟親手寫信傳達，傳達效果也一定不同。發生衝突時，文字訊息很難表現出真誠和微妙的語氣，因此我建議至少要打電話或親自見面溝通。

每個人表達方式都不一樣。雖然大家都有言論自由，但我希望你能考慮一件事：我們無心說出的一句話，對方可能會反覆咀嚼數百次以上。言語會透過耳朵進入，在心中深處扎根。

確實有時候無論我們再怎麼謹慎地表達，都還是造成誤會。與其說是哪一方的錯誤，倒不如說可能是我的表達方式不夠成熟，再加上對方的理解範圍太狹窄。因此，為了讓溝通正確無誤，需要彼此不斷協調和努力。

因好友而感到自卑的時候

我有一個朋友從國中就認識了，當時我們年紀都很小，朋友常向我誇耀自己懂很多，每當朋友誇耀時，沒有努力念書的我都覺得很沒面子。於是，我向朋友展現我獨有的才能，為了保護自尊心而努力假裝堅強。現在回想起來，那只不過是小朋友之間的幼稚爭鬥，當時何必認真看待而那麼自卑呢？也許是因為當時的我覺得自己不如別人、毫無價值才會如此。雖然我沒有特別出眾的地方，但我討厭落後別人、輸給別人的感覺，所以我用我的方式掙扎著守護自己的價值。

曾經那麼不成熟的我們，不知不覺間長大成人，走上不同的道路，現在我們都在各自的領域努力實現夢想，互相尊重和敬重對方。幸虧已經成熟了，對彼此都不會自卑。

如果你目前無法消化在朋友面前感到自卑的心理，暫時與朋友保持距離也沒有壞處（但請留意，這段短暫的徬徨可能會讓你失去珍貴的朋友）。自卑感有時能為生活帶來適度的刺激或動力，但過度自卑會產生副作用。在緊張感持續累積的狀態下，可能會犯下無法挽回的錯誤或走上自我毀滅的道路。你一定很清楚，在許多小說、電影和電視劇中，有些角色因為敵不過自卑而做出錯誤的決定。因此，為了自己好也為了朋友好，必須努力克服自卑感。

克服自卑感的方法其實比想像中簡單，就是發現自己的優點，並加以肯定。可以嘗試兩種行為來發掘自己的優點。

首先，回顧自己以前做過的事情。在自己熟悉的事情中，一定有些事情能做得很好。回顧這些事情的同時，也檢視自己吧！其次，回憶起他人對自己的稱讚。如果想不起來，我希望你直接詢問身邊的人。在我眼中的自己和他人眼中的自己肯定不同，說不定能透過別人的觀察來發現自己擅長的事情。當你以這個方式回顧自己並專注於已經擁有的事物上，我確信你就能度過更有建設性的時間。

需要忠告的最佳時機

當我走錯路時或者很明顯犯錯時，很少人會責備我。因為別人會認為，沒事何必說出來，說不定還可能會引起誤會或被我討厭，要不然就是認為事不關己。因此，如果有人可以不看別人的眼色直接指出別人的錯誤，就表示他非常可靠。不過，如果沒有帶著對當事者的關心和愛護，也沒有真心思考，只是單純地說出正確的話，就不能說是忠告。

話說回來，也不是別人的忠告都要聽從，對方的想法可能不符合我的情況，但如果對方是好不容易鼓起勇氣才說出來，就要先誠心誠意地傾聽。舊約聖經《箴言》十三章一節中說：「智慧子聽父親的教訓；褻慢人不聽責備。」也就是說，耐心傾聽是非常重要的，對旁人說的話充耳不聞，相信只有自己才是對的，這種態度不久就會惹禍上身。

相反地，什麼時候不需要忠告呢？有時自己其實是在苦惱數十次、數百次後才向親近的人吐露心事，對方卻回答說：

「再累也不應該這樣抱怨啊！」

「你以為只有你很累嗎？其他人也一樣很累啊！」

「你只要打起精神就能做到，為什麼做不到呢？」

乍聽之下好像是對的。但是，就算這樣的指責是正確的，也不能以侮辱對方的方式表達出來。揣測他人生活重量後，覺得「這沒什麼大不了」

的心態很危險。當對方吐露苦惱時，如果看起來需要被同理和安慰，首先要詢問他的心理狀態如何，並給予一句鼓勵「你已經做得很好了」。最好能先安撫對方的恐懼，等過了一段時間，當他處於可以接受建議的狀態時，再把自己的想法整理好之後告訴他。先聽完對方所有的話，再說自己想說的話也不遲，至少在他疲憊的時候要默默地傾聽、理解他的心情。不要像法官那樣，針對某人的煩惱追究是否有罪。傾聽比說話更能帶給人力量，鼓勵比批判更能帶給人力量，真誠的安慰比不知分寸的忠告更能帶給人力量。

老頑固和年齡的關係

「想當年我……」

現在以「想當年」開頭的話已成為「老頑固」的代稱。雖然「老頑固」是指有權威的老一輩，但並不只適用於年長者。在職場、大學、國高中等各個地方都有前輩和後輩的階級關係，因為社會到處都充斥著以大欺小的文化。嘴上說著「想當年」的前輩們，不僅會限制後輩的服裝和言行，甚至還企圖干涉後輩的私生活。後輩一旦脫離前輩的視線，除了會被懲罰，實際上還可能被施暴。高麗大學社會學系的尹仁振教授對這種現象做出以下的解釋：

「年輕一代在毫無對策的情況下，自然而然地開始承襲長久以來堅守的階級文化，也就是所謂的『老頑固』文化。」

當然，欺壓不一定只有前輩對後輩，也有不少情況是前輩尊重並關心後輩，後輩卻肆意越線或表現無禮。前輩不該讓他們所遭受的不公平待遇傳承給後輩，後輩也不該把善待他們的前輩看成是好欺負的人，如此一來，前輩和後輩之間不必要的情緒鬥爭才會消失，也才有可能建立良好的關係。我認識的一位護理師說：

「我認為不該對後輩不公平。所以，我努力地工作，同時也努力幫助後輩。儘管上面有前輩、下面有後輩，要照顧兩者很辛苦，但最終我獲得了認可。我和後輩們相處得很好，被我訓練的後輩也能親切地訓練他們的後輩，看到這種情況，我非常自豪。」

讓我們承諾「不要跟那些欺負我的人做出同樣的行為」，而不是「我曾經那麼辛苦，你也要承受看看」。**最理想的是，親切的前輩角色能代代相傳。**

對優越感的錯覺

有些人會過分吹噓自己與年薪破億的名人，或者與社會上頗有名望的人之間的交情，而我則是無法理解這種做法。明明沒有能力，僅僅因為和了不起的人物走得近就展現出優越感，這種行為對自己並非絕對有利。真正有能力的人不會刻意說出自己跟名人很熟稔。反之，當他們在稱讚別人時就是單純地稱讚，而不是刻意抬高自己。

除非是特殊情況，否則企圖利用他人的權威來吹捧自己的行為，在旁人眼裡也很難看。試圖利用他人名譽的人，自身的人際關係會變得狹隘，因為周圍的人都會看穿而自動遠離他。最重要的是，認為自己比其他人優越的錯覺，終將導致失去自己所擁有的一切。儘管這是一個強調相信自己的社會，但也不該過度自我膨脹，因為對自我的信心也是在與他人的連結中產生的。

消除誤會也有黃金時間

「有什麼不滿就要說出來！要說出來，我才會知道。」

當對方因不明的原因而關上心門時，我們常會這樣說。為了恢復因誤會而破裂的關係，一定需要對話。然而，對話也有黃金時間，因為隨著時間的流逝，人的記憶會扭曲，受過的傷會逐漸惡化。雖然對話是解決問題的第一步，但要是第一步來得太遲，可能會出現反效果。當然，如果已經盡早對話、圓滿解決了，對方卻在背後說閒話，就由他去吧！那個人很有可能本來就喜歡衝突。

「誤會」顧名思義就是錯誤理解，也就是說，聽者錯誤理解話者的意思。事實上，從「誤會」變成「確信真有其事」不需要過很久的時間，因為大多數人都相信他們一開始理解的就是事實。如果錯過了能化解誤會的黃金時間，那麼就只能等待他自己領悟，而你就繼續過你的生活吧！

誤會在任何情況中都可能發生，大事小事都可能成為誤會的起源，可能是表達方式不正確、可能是氛圍和情況不好、可能是對方沒有認真聽你的話，也可能對方當時處在一種容易產生誤解的心理狀態。也就是說，誤會可能會因各種原因而發生，所以請不要因為被誤會而過於傷心。反正，想要按照自己的意願完全控制情況是不可能的，變數實在太多了。

話說回來，如果是能化解誤會的情況，就盡可能努力化解誤會吧！這是一種照顧對方的表現，也是對雙方關係的尊重，而且到頭來還是為了自己好。

如果今天的相聚是最後一次

據說，人在臨終之前，腦海中會像走馬燈一樣閃過日常生活場景的畫面。也許這件事情在告訴我們，那些沒有什麼特別的平凡瞬間，才是真正最為珍貴的時刻。

隨著年齡的增長，我們經歷了就如相識一樣頻繁的離別。突如其來的訃聞讓人產生巨大的失落感，同時也讓我們在安慰失去親人的人時，一同度過艱難的時光。然而，生活並不是一直在為離別做準備，因為這樣對內心並不健康。

在父親葬禮上，身為兒子的我站在棺木前悲痛難耐，但最終還是站起來繼續生活。直到接受無法再見父親生前面貌、只能在腦海中回憶的現實狀況為止，我花費了相當長的時間。看著父親的最後一面，我深深地下定一個決心：「今天的相聚可能是最後一次，所以我要盡力而為。」但也僅此而已。雖然不知道該怎麼做才能一直都盡力而為，可是許多時候，我們視為理所當然的日常時刻，卻成為了最後的時刻。因此，我決心要學會珍惜身邊的人，並且對於能夠一起走過每一刻心懷感激。

不要以為自己完全了解那個人

不知從什麼時候開始，我變得不太相信人了。我只會相信一半，適當地保持距離，做好受傷的準備。然而，如果在一段人際關係中，得要帶著這種彷彿壯士斷腕般的決心，才能穩住自我核心，就有必要回顧一下，對方真的是讓你感到舒服的朋友嗎？

一段無法放鬆的關係，很難說對你的精神健康有好處。這並不是說那個人有問題，即使他真的是個好人，我們也無法控制在關係中發生的所有衝突。對於需要保持警惕的人，不要放鬆警惕；當你感到疲倦時，就留在那些可以讓你展現真實自我的人身邊吧！跟那些能夠減輕你的擔憂和不安的人在一起，即使只是暫時的相處，心情也會變得輕鬆很多。人類並沒有強大到可以獨自扛起所有的重擔並克服，我也是如此，即使真的有這樣的人存在，也是少之又少。

如果你剛和某個人親近，那麼固然要相信對方表現出來的樣子，但不要認為那就是全部。因為不知道在面臨數不清的狀況中，對方會採取什麼行動；保持適當的距離，充分地相互了解一下吧！即使是相伴一生的父母和子女，往往也不了解彼此，更何況是還沒有拿出真心的關係，又如何能夠相互理解呢？

要接受「也有可能會那樣」

我常說：「也有可能會那樣嘛！」

這句話可能會成為一種迴避批評的藉口，讓人選擇忽略他人的指正。但是，如果你希望自己對別人不要那麼敏感，這句話肯定會對你有幫助。

在我們生活的社會中，每天都會發生數十起事件，其中與自身相關的事不多。如果要追究所有事件的原因，很快就會感到疲憊。高度敏感的狀態持續得越久，精神上的疲勞感就越大，對日常生活也會產生不好的影響。有時候，放鬆神經才是恢復心靈平靜的方法。

讓頭腦休息的方法，通常是什麼都不做，或者投入到某件事情上，但並非每次都有效。若想要有意識地讓腦海中逐漸蔓延的苦惱停止下來，方法很簡單，只要擴大對於事件的理解範圍就可以了。例如，帶著下述想法：

即使意外地遇到非常齷齪又很荒唐的事情，也不要因此感到痛苦或者發脾氣，就當作是長知識吧！這只不過是在學習人類性格的過程中，出現一個新的需要考量的因素罷了。這就像一位礦物學家偶然得到一塊非常特殊的礦物標本時所採取的態度一樣。

——阿圖爾．叔本華（Arthur Schopenhauer）

這句話的意思是，你就當成是在與人相處、建立關係的過程中發現了自己從未知道的事實。當然，這種情況不會僅止一次，以後你仍會不斷了解到關於人的新知。無論你是否與某個人親近，你都不能否認自己其實並不了解對方。雖然人們常說，為人父母後，才能明白父母肩上的擔子有多重，但難道真的成為父母後，就能完全理解自己的父母嗎？人的內心如此複雜，若想要了解，就會發現永遠都了解不完。

為什麼需要適當的距離感

在人際關係中，「距離」是指不能侵犯或干涉的領域。通常在關係不親密或疏遠的時候，會覺得有距離感，但即使是在親密關係中，仍有必要保持一定的距離。要有適當的距離和空間，我們才不會受到傷害。然而，如果已經保持距離，卻還是受到傷害，那就證明自己尚未擁有獨當一面的能力。

人與人之間的情感非常微妙複雜，其中最典型的就是「又愛又恨」，這種愛恨交織的情感，在家庭中很常見。我認為，越是難以割捨的關係，越要保持距離。當我們在物理上遠離，就會從不同的角度看待對方，也可以使我們自然減輕對對方的憎惡、憤怒、怨恨等情感。成年後，我就從媽媽身邊獨立了，與媽媽分開生活後，過往心中的憤怒和怨恨得到了一定程度的緩解，甚至開始想要好好孝順那個我曾經極為討厭的媽媽。如果你因為離對方太近而感到苦惱，不妨先暫時分開，整理一下自己的思緒後再見面，也許這樣會有一些新的感受。

然而，在生活中，有時也會遇到難以在物理上保持距離的情況。這種時候還是需要刻意保持心理距離，方法之一就是不要談論過多私人話題。在日常生活中，形式上的問候和回答是可以的，但不要無故提及可能讓關係加深的話題，或者刻意訴苦。如果對方對你不懷好意，那麼，少說話可能會是一個保持距離的明智方式。

減少情緒起伏的五種方法

1.做些能排解情緒的活動吧！

人無法總是維持在心情好的狀態。要懂得排解痛苦、悲傷、憂鬱、不安等讓自己煎熬的情緒。嘗試培養一些容易上手的興趣吧！如果你能透過運動、繪畫、閱讀、爬山或電玩來宣洩情緒，建議你都嘗試看看。一旦你透過興趣得到活力，就能感受到自己變得開朗起來，找不到憂鬱的痕跡。

2.有意識地休息吧！

我知道你希望每件事都做好，但有時這樣的念頭越強烈，事情不順利

1. 就像我們無法愛所有人，
我們也無法被所有人喜歡

時就越挫折。事情本來就不可能完全按照你的計畫走，所以當我們覺得需要為下一步做準備時，就應該停下來休息一下！在想要某個東西時，運氣是很大的關鍵，而那並非光憑努力就能得到。學會觀察情況，區分需要前進和需要停下來的時候，如此成為一個冷靜的人吧！如果保持這種沉著冷靜，就能減少被情緒牽著走的狀況。

3. 要承認情緒就像天氣一樣變化無常。

沒有必要因為情緒起伏太大而自責或害怕。任何人光是在一天內就會經歷幾次不同的情緒變化。如果某天沒來由地悲從中來，就一定會有某天沒來由地喜出望外。我們不必強行壓抑自己的憂鬱，也不必因為意識到周圍的人而強顏歡笑。

4.表達自己的情緒吧！

有不少人像是試驗能在熱水中忍受多久一樣，壓抑著自己的情緒。他們害怕自己一旦表現出脆弱的一面就會崩潰，害怕看到對方投來的同情目光，於是更加忍耐壓抑。但是，沒有表現出來的情緒絕不會沉睡。偶爾會有些人忍著忍著，忍到後來就一下子爆發，這並不是因為他們太敏感，而是因為這些情緒不管過了多少時間都不會消失。拚命壓抑的情緒一定會以其他的方式表現出來，所以平常表達情緒才有助於心理健康。

5.把能夠讓我們平靜下來的人留在身邊吧！

在綜藝節目《孝利家民宿》中，有一個令人印象深刻的場面。李孝利問IU：「妳有沒有執著的東西？」對於這個問題，IU苦思許久後，回答說：「我覺得可能是保持平常心吧？」接著她說：「當我變得浮躁，心情就會不好，因為覺得失去了控制……」她已經養成了抑制情緒的習慣。反之，李孝利則表示：「我想要笑得少一點，哭得少一點，減少情緒的起伏。」然後她對IU說：「看來我們的性格相反，在一起的話會很互補的！」性格相似的人之間的關係也許比較穩定，但很難期望能產生巨大的互補效果；相反地，擁有不同性格的人之間可以彌補彼此的缺點。如果你一個人很難控制自己的情緒，那麼，把能夠讓自己平靜下來的人留在身邊也不失為一種好方法。

不管別人說什麼，你都很珍貴

有天，一名自認貧窮、微不足道的學生陷入困境，向老師求助：

「我什麼都不想要，也沒有人需要我。這樣的我，活著有什麼意義呢？」

老師微笑著回答：

「你不必沮喪。你說沒有人需要你嗎？絕非如此。」

老師遞給這名學生一幅畫，上面畫有一棵松樹。

「明天早上去市場把這幅畫賣了吧！但是，無論誰開出多高的價錢，你都絕對不能賣掉。」

學生有些訝異地接過畫，第二天在市場的一個角落叫賣這幅松樹畫作。這時出現了想要買畫的人，但無論他們開出的價格再高，學生都不肯賣出這幅畫。於是人們紛紛說道：

「這幅畫一定有什麼特別之處。」

「裡面肯定隱含著重要的訊息。」

因此，畫作的價格越來越高。隔天，學生向老師講述了市場上發生的事情。老師笑著說：「明天你把那幅畫拿到城裡去賣吧！」

學生按照老師的話，把畫帶到了繁華的城市，發現畫作的價格比前一天上漲了二十倍之多。消息傳開後，人們開始稱它為「作品」，也有人提議說，應該要拿它跟其他作品一起舉辦展覽。學生把城裡發生的事告訴老師，老師滿意地笑著說：

「就像那幅畫一樣，一個人的價值會根據他所處的環境而有所不同。越是獨特的畫作，每個人對它賦予的價值就越不一樣。即使是一幅微不足道的畫，其價值也會因人而異。你不覺得你就像這幅畫嗎？最重要的事情是，只有當你珍惜自己時，你的人生價值才會提高。這將是你邁向有意義的生活的第一步。」

人的價值該用什麼來證明？這是一個長期以來備受爭論的議題。在一個注重自我價值的世界裡，能證明自我的人會受到關注，有人崇拜他們，有人則感到自卑，甚至貶低自己。但是，一定要成為一個特別的存在才有價值嗎？反過來說，自己如何對待自己，如何定義自己的人格，這難道不是衡量自我價值的出發點嗎？如果你知道自己珍惜什麼、認為什麼有價值，那麼你只要去追求那個東西就可以了。

You're a STAR

2

重寫關於自尊心的內心戲

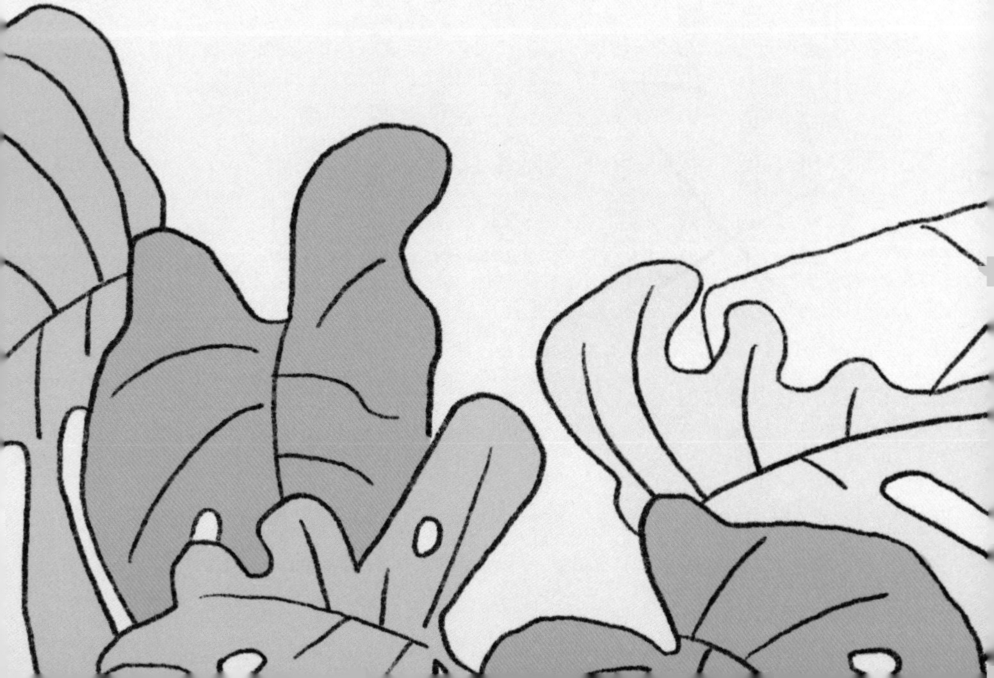

不要被周圍的評價左右

當我決心一個月要賺一千萬韓元時，並沒有將我的決心告訴身邊任何一個人，因為我認為他們評價我的現實狀況後會嘲笑我。不過，在我這樣下定決心之後，一兩年間就達成了我理想的目標。我有一個特點是，只會把他人的話視為一種主觀意見，不會被他人的話左右。

我想起高中時有些同學覺得「我們學校風評不好」、「學這些東西能幹嘛？」上課時間幾乎都在睡覺、放棄課業。在我就讀的高中，很早就放棄課業的人比認真念書的人多更多，所以學生都認為自己處在很糟糕的環境，也因此判斷自己的人生沒有希望。我在這種環境中獨自閱讀自我開發的書籍，在同學眼裡就像是個神經病，在大學新生時期也是如此。雖然我後來休學，但在所有人沉迷於玩樂的年紀，我一個人在圖書館裡閱讀、寫作，其他人大概都覺得我是個老古板。

當時我一邊在便利商店打工一邊寫作，如果因為被身旁的人瞧不起就氣餒、自我設限，沒有將我的文章公諸於世，那麼就不會有今天的我了。身邊的人對我所做的事、夢想和目標的種種評價，以及認為我不可能成功的想法，都只是他們的主觀意見罷了。不該忽略的是，人只能看見自己已知的部分。別人幾乎不可能完全知道你在腦海中描繪的藍圖，所以要懂得讓別人的話左耳進、右耳出，不被他們影響。

適當地生活的方法

從幾年前開始，我就注意到從容生活的人。所謂從容地生活，就是工作和生活保持適當的平衡，甚至包含不會太過努力的態度。雖然不是每個人都能接受這種生活方式，但如果是完美主義者或是很執著的人，我覺得將「適當地」這個詞記在心裡不是件壞事。這裡說的「適當」並不是自暴自棄、馬虎生活的態度，我認為的「適當」是懂得分辨時機。「適當」的定義應該是，具有綜合的判斷能力，該前進的時候前進、該停下的時後停下，搭配每個狀況採取必要的措施。

無法脫單的人有一種特性，就是不懂得察言觀色，但這並不僅限於戀愛。不懂得察言觀色的人，不懂得適當的平衡。有時候要盡全力去愛、全心全意對待所熱愛的對象；有時候要有餘裕，停下來觀察身邊的風景，不需要執著在一件事情上。幸福的人是懂得放下的人，正因如此，他們不會折磨自己。

整理糾結的時間

我們在獨處的時候會想很多事情，像是跟另一半吵架、跟朋友發生不愉快的事或是跟同事之間的心理戰。人與人之間的衝突、在社會上遇到的結構性問題，以及各種事件和問題，一天當中會煩惱數十次。這種時候要注意，不要讓想法變得極端或是讓思考產生偏見，比如說，如果是因社會結構或環境等問題而遇到困難，就不需要怪罪自己不成熟；相反地，明明要合理地批判自己的錯誤，卻怪罪他人、逃避責任，這也是阻擋自己走上變得成熟的道路。

獨處的時間是回顧自己的時間，與其說是判斷是非對錯，不如說是整理雜亂的想法。與他人的關係很重要沒錯，但與「我」的關係比那些更重要，希望你不要害怕孤獨，任何人都需要獨處的時間。獨處的時間並不僅僅是孤單的時間，也是善待自己、安慰自己的時間，也是一個能放大積極向上想法的機會。在這過程中，自尊心也會自然而然提升。

找回失去的自尊心

家庭、學校、職場，沒有任何一個地方教導自尊心的正確概念。在我們面臨複雜的現實環境中要培養自尊心，豈是容易的事？無論是自願還是非自願，大家都是親身碰撞，經歷自尊心粉碎後重新拾起的過程。相識、相愛、離別，在所有狀況中都是一邊受傷一邊成長，在嘗試錯誤的盡頭，接受「我是很有價值的存在」，並為了成為更好的自己而努力。在過程中，我們體會到，過去對自己的評價都是反映他人的標準或意見的結果。

不需要一一計較、鞭策自己來找出自己的優點。當你腦海中浮現對自己的正面想法時，就試著記在備忘錄上，即使是很微小的事也無妨。可能是被別人稱讚過、為善不欲人知的行為，就算你覺得這是一般人都能做到的程度，也將自己的能力全都寫下來。毫無根據的自信感只是暫時的，但如果有事件成為根據，至少自己的自信感就不會被他人擊潰。

面對敏感情緒的方法

我們小時候透過教科書學習國文、數學等學科，同時大人也會教導我們品德的重要，像是要跟同學相親相愛。但是，我們並沒有學到人際關係發生衝突時該怎麼解決，面對憤怒和悲傷等情緒時該怎麼安撫自己。心理學家伊麗絲・桑德（Ilse Sand）在《敏感得剛剛好（The Emotional Compass: How to Think Better about Your Feelings）》中提到，嫉妒這種情緒能感知到自己的匱乏，以及被壓抑的渴望。可是，我們在日常生活中無法輕易接觸到這類關於情緒的解釋，必須自己找書來看或聽演講才能明白。

我們所感受到的情緒並不完美，這是理所當然。你應該也曾因敏感而默默地流淚，因此最好能特地找出時間消化那些你無法處理的情緒。把筆記本當成你的情緒垃圾桶，將內心話吐露在紙張上，或是找個能完全聽你說話的人談心。只要這樣一點一滴放下就行了，目的是要抒發累積的情緒，所以用什麼方法都沒關係。

等抒發之後，再來努力地客觀看待並梳理情緒。伊麗絲・桑德認為，憤怒、喜悅、悲傷都是「我」擁有的許多情緒，但無法說那些就是「我」。這句話的意思是，情緒跟人是各自獨立的。如果不太清楚自己的內心狀態，就在湧現負面情緒時，將目前的狀態仔細地寫在備忘錄裡，將擔心、懷疑、厭惡、嫉妒、煩躁、不安等所有感受到的情緒全都寫出來。你將能體驗到，光是整理得一目了然也能抒發情緒，這樣，你就能更客觀地掌握自己的情緒。

本來好好的，卻突然被情緒淹沒

平常生活過得很好，但有時會突然冒出這樣的想法，比如「現在的幸福，會不會在某天消失」、「我是不是一直在拚命抓住總有一天會失去的東西」。對生活感到疲憊的我，唯一的希望就是，痛苦終究會有結束的那一天。或許就是因為夢想著未來會變得幸福，所以讓我能在克服各種困難的過程中堅持下去。

「不管用什麼方式都好，我只希望能改變現在的狀況」，說不定這個懇切的期盼就是我逃避現實的一種方式。因為無論是愛情、友情，還是我嘗試的各種事情，期待越大，帶給我的失望就越大。我變成非常悲觀的人，懷疑「希望」能帶給我什麼好處。

然而，我依然下定決心跳進如車輪般滾動的生活中，因為我確實曾在生活的某個瞬間嘗過幸福的滋味。雖然在任何地方都很難找到幸福，但我知道幸福比我想得更靠近。我決心不要被過去的記憶束縛而限制自己，也不會交出我現在的生活作為擔保，換取不確實的未來。

自尊心弱VS自尊心強的人格特徵

自尊心弱的人跟自尊心強的人各有什麼特徵呢？其實沒有那種差別，我認為沒必要像分類學術用語那般把人作分類。網路上隨處可見「自尊心強的七種特徵」這種非常抽象的文章。想要傳遞的資訊不明確，就會有很多解釋空間，因此容易被誤解，還會把自己困在錯誤資訊的框架內，扭曲對自我的認知。倒不如做以下這種簡單的測驗。

「你真沒用。」

聽到這句話時，你有什麼感覺？如果會難過，就算只有一點點，也證明你並不覺得自己是沒用的人，即使只有一絲絲的信心，你的腦中也有

「我做得很好」的念頭。每天早上勉強起床通勤的上班族、讀書讀到深夜的學生、連假日也要工作的製造業員工、公務員，甚至是便利商店的工讀生，大家都是在自己的崗位上扮演自己的角色。打工賺學費的大學生不需要羨慕上班族，因為上班族也會羨慕學生，想要的話隨時都能出國。

在跑人生這場馬拉松時，如果一直注視別人的路線，就會不滿意自己的路線。無論如何，只要一直走下去，到後來就會離他人的路線越來越遠，所以只要想著完成眼前的路線就行了，中途可以休息，可以奔馳，也可以慢慢走。因錯誤的資訊而掉入泥淖，搭配別人訂下的標準而停下來，這些都只會絆住你前進的腳步。

不用對「加油」這句話做出反應

當我疲憊無力時，身邊的人常常會為了鼓勵我而說：

「就快成功了！你再加點油！」

「本來年輕的時候就是要多吃一點苦。」

他們可能是帶著正面的期待，以為已經沒力氣再跑下去的人，只要喝點水就能繼續跑，所以才會說出那種話。

如果目的地很明確，那麼「再多跑一下」這種話當然能帶來很大的幫助。但在我們的現實生活中，並不是每次都有明確的目的地，不會像童話故事那樣，稍微多努力一點就會到達幸福的結局，所以不需要對人們的話做出反應。**雖然提出建議是他的自由，但決定要不要聽從他的話也是我的自由。**

為了創造出有意義的時間

有些人的一個小時價值最低時薪，但有些人的一小時擁有上億韓元的價值。不過，先不談經濟的邏輯，無論在哪裡做什麼事，每個人都很公平地擁有一天、一個月、一年的時間，因此應該要懂得珍惜被賦予的時間。

也許有些人會為了緩解你的不安而說「可以過生活就好了」、「不用盡全力也沒關係」，但如果你不想要一輩子都在休息，那麼我希望你不要毫無意義地度日。倘若單純的娛樂能帶給你快樂，就不要擔心，放心地享受吧！帶著累積珍貴回憶的心情去玩吧！所謂的毫無意義是指模稜兩可、不明確的狀態。萬一你覺得今天似乎一事無成，那就在一天過完之前，繞社區一圈散步、運動、翻開想看的書或是打電話關心朋友。就算不把時間換算成錢，只要稍微考慮「該怎麼使用時間才有意義」也會有幫助。

「雖然時間似乎像水一樣不會乾涸，但終究都會流逝。」若你知道這世界上沒有無限，就會知道這句話是什麼意思。我們被賦予的有限時間匯集起來就是生活的型態，若希望在完成的那一刻，不是後悔而是滿意，就要更用心拼湊出屬於自己的人生拼圖。

「沒關係」這句話背後隱藏的心情

我聽歌的時候喜歡欣賞旋律和音色，尤其還會留意聽歌詞，歌手李遐怡《嘆息》的歌詞讓我印象特別深刻。我想介紹一下在《嘆息》這首歌裡觸動我內心的一小段歌詞。

誰的嘆息／那沉重的嘆息／
我怎麼能衡量呢／
雖然無法理解你的嘆息／那嘆息的深度／
沒關係的／我會擁抱你的

李遐怡《嘆息》
影片

在這首歌MV中出現的人物，都是我們身邊能看到的平凡人。他們全都是某些人心愛的子女或父母。為了掩飾自己的痛苦，他們一直戴著面具，對親近的人說沒關係。其實並不是沒關係，那份痛苦和悲傷湧到喉嚨後，仍留在心裡消化。他們從未透露出悲傷，所以沒有人真心理解他們的心情。也許是早已習慣說「沒關係」，他們只能在獨自一人時嘆氣，表達自己並不是沒關係。儘管如此，他們的內心早已遍體鱗傷。

我不太會說「加油」和「你還好嗎？」，而是會等對方先說，如果對方說了，我就聽；如果對方不說，我就算想問也會忍耐。也許他是不想讓別人看到自己傷痕累累的心，才不說出來。我不會問對方累不累，而是做出「我隨時都可以擁抱你」的手勢。這也等於是我在不越過對方劃定的界線下，傳遞出「隨時可以到我這裡休息」的訊號。

就算對方開口說了，也絕對禁止草率地判斷或給予忠告，不是有句話說「話要聽到最後、把話聽完」嗎？在他講完所有話之前，都不能批判他，要先冷靜地等待。

在對方說出真心話之前，我能做的只有同理和安慰，並且用一句話問候疲憊的他：

「你發生了什麼事？」

毫不後悔地選擇吧！

人生是界於B（Birth）和D（Death）之間的C（Choice）。

——尚-保羅．沙特（Jean-Paul Sartre）

人生從出生到死亡都是一連串的選擇，我們必須選擇要抱持什麼人生哲學、度過什麼生活。為了那樣生活，要選擇學習什麼、從事什麼職業，以及和什麼人談戀愛、交什麼朋友、擁有什麼興趣愛好等，這一切都要學會自己思考和決定。

若順應他人的要求、過著被動的生活，最終只會留下遺憾和怨恨，因為被動的人不會意識到他們需要為結果負責。主動選擇的人，也許一開始會很辛苦，但終究是為了自己。如果能決定自己生活中的所有事，起碼不會留下後悔。「渴望」讓主動的人變得不同。雖然在別人眼中會有點自私，可是，如果要想過上自己的人生，就要懂得拿出足夠的勇氣。

每天至少擁有一次積極的想法吧！

有天跟許久未見的高中同學見面，他原本一個月只能勉強賺到一百萬韓元，半年後已經是月收入兩千萬韓元的企業家。我問他怎麼做到的，他說，實際上他是花了十年的時間才賺到這麼多的錢。也就是說，如果包括被父母強迫走自己不想走的路的時間、為了準備創業而進修學習的時間、積攢財富的時間以及其他迷茫的日子，前前後後就花了那麼長的時間。他充滿自信地說，達成營業目標只是開始，往後才是正式上場。

我仔細聽他說話，發現他實現目標的過程非常生動、具體。他把自己實現夢想的過程描述得像是電影場景，讓我連插嘴的機會都沒有。講完故事後，他說，如果以後要寫自傳就要請我幫忙，我說，似乎不需要我的幫忙，只要把他現在說的話寫下來就行了。

聽他的故事時，我感受到成功人士的特點是，知道自己的方向，並且會自我檢視目前的進度。他在進辦公室上班之前，每天都會繞到同業頂尖的競爭公司附近，一再下定決心告訴自己要超越這間公司。雖然與競爭公司的規模相比，他的事業還處於起步階段，但是聽到他開心地說已經達成了第一階段的目標，也激勵了我。我再次體會到，為了實現長久以來的夢想，我們不能只停留在思考上，還要有具體的計劃、執行力和反饋機制。

人一天大約有七萬種以上的想法，其中負面想法比正面想法還多，光是一天就可能會被負面想法困擾數十次，因為我們從原始時代就要應對生存威脅而生活，所以人的大腦對負面刺激比對正面刺激更加敏感。或許現代人腦中充滿雜亂的想法、一直想些沒有營養的東西就是因為這個原因。

為了擺脫大腦的這種思維模式，成為自己情緒的主宰，就必須有意識地培養積極的思維。最簡單的方法是背下或記下能啟發自己的句子。我的企業家朋友之所以能夠取得成果，或許是因為在他的腦海中，想要超越業界頂尖公司的決心根深蒂固。即使從周圍接收到「可能會失敗」的訊號，他的腦中依然堅守著「我要實現目標！」的決心。因為他每天只想著目標，所以才能實現夢想。

隨著年齡增長領悟到的八個事實

1. 擁有許多朋友不一定是件好事。

當一切都順利時，各種不同類型的朋友都會在身邊，但是在困難時期，只有少數的朋友會一直陪伴在身旁。在快樂、悲傷、成功、失敗等所有時刻都一直陪伴的才是真正的朋友。

2. 自己決定生活方式，但也要承擔責任。

自由自在固然很好，卻也不可忘記要為自己的選擇負責。這種態度將決定個人的成熟程度。

3.失敗和成功同樣重要。

成功的人並非不曾受挫，他們大多是在反覆失敗中獲得成功的。

4.趁父母還在世的時候好好孝順吧！

剛滿二十歲的時候，我以為我的父母還很硬朗，但是我增長一歲和父母增長一歲是不同的。我每年都能感覺父母在變老，趁他們還在身邊的時候一起做些什麼吧！去旅行是不錯的選擇。

5.該說的話可以說，但不要無禮。

無禮和坦率是不同的。無禮是不顧對方的感受，時不時地隨意亂說話；坦率則是在問題出現時，適當地表達自己的想法。

6.雖然不必愛所有人，但也不要活在怨恨中。

我現在才意識到，埋怨別人會侵蝕自己的生活。

7.不要反覆回味過去，後悔一次就夠了。

反覆悔恨只會使生活變得不幸，讓人對每件事都失去熱情，僅剩下沮喪的想法。如果專注於現在，就能自己決定自己的幸福，並且對明天充滿期待。

8.減少受傷的方法，就是捨棄對每件事賦予意義的習慣。

最初的傷害可能是源於他人的言語和行動，但是不斷賦予傷口意義並且反覆回想，卻會對自己造成二次傷害。冷靜地斬斷那些令人痛苦的言語、人物和環境，擺脫這一切而重獲自由吧！

自我貶低和謙虛的差別

我認為在一定程度上，謙虛是社會生活中必需的美德。隨著人權和人際觸覺（social sensitivity，或稱『社會敏感度』）的提高，以及能夠透過多樣化的途徑共享一切，謙虛變得越來越次要。但是，過於慎重而習慣性地說「我不夠好……」的這種態度又如何呢？自我貶低和謙虛是截然不同的。謙虛是指不誇大自己，而是持續客觀地檢視自己的態度。懂得客觀地看待自己的人，會承認「自己」和「別人」的不同之處，並且尊重他人。

反之，自我貶低代表輕看自己的價值。即使你沒有主動做些什麼，別人也會隨意評價你並且挑你的毛病，更糟糕的是，你還提前貶低了自己的價值。既然知道一句話的影響力，為什麼還要花時間貶低自己呢？如果一個人習慣提及自己的不足之處，就應該記住哲學家拉爾夫．沃爾多．愛默生所說的話：

每個人都會因自己說出的話而被他人評斷。也就是說，不管你願不願意，你所說的每一句話都在別人面前描繪出了你的形象。

人並不容易改變，但光是改變「說話」這個習慣，也能朝著與現在完全不同的方向發展。希望你能放眼未來，養成對自己說出正面話語的習慣。

在混亂的情緒中保有自我

有的時候我們會感覺自己不太正常。在這樣的日子裡，我們與人來往時會無意間表現出雙重面貌：在平凡的日子裡因為小事而發脾氣；明明白天還好好的，一到晚上就流眼淚。但我們不能輕易地向別人透露這些情緒，因為那些一味地說「沒事」的慰藉話語或者「沒什麼好擔心」的鼓勵，對我們沒有任何幫助。

我也曾抱持正面的態度，但無法解決所有問題。我挑戰大學入學考試、證照、就業等各種關卡，卻都以失敗告終；心痛地與我愛的人分手；被我所信任的朋友背叛……我曾經滿懷期待的事情，全都化為傷痛，這種痛苦只能由我自己承擔。就像這樣，世界上有太多我們無法預知的事情，不知道什麼時候會來動搖我們；事件和事故總是等待機會從背後偷襲，負面情緒也在虎視眈眈。

儘管如此，我仍然努力保持自己的獨特性。所謂自己的獨特性，並不是指自私自利的生活態度。固然要尊重他人，但我對自己生活中發生的事情仍握有選擇權，同時也要意識到選擇的責任在我身上，勇敢地面對現實並坦然接受結果，這就是獨特性的範疇。

我們需要的不僅僅是在人際關係中保持距離的技巧，更是要學會與支配自己身體的負面情緒保持距離。如果能良好地保持情緒的平行線，就能夠為自己的獨特性找到穩定的支點。

要接受憂鬱，才能擺脫憂鬱

在社會上取得一定地位、克服困難或者脫離逆境的人，常常會勸導那些覺得生活沉重的人說，應該正向地生活：

「不要太沮喪，一切都取決於你的決心。」

「即使如此，你還是能做到，因為你有充分的可能性。」

這些話確實聽起來很合理，但在聽到這些話的瞬間，痛苦的心情彷彿全部被否定一樣，這種令人不悅的感覺是無法避免的。很顯然地，無論是多麼溫情的安慰，自我催眠的言語聽起來仍令人厭煩。

我在接受煩惱諮詢的時候常說：「如果你感到沮喪，那麼，允許自己在那個泥淖裡待一下沒關係。」即使那件事在別人看來沒什麼大不了，但自己的心確實因那件事受了傷，這也是沒有辦法的事。**人往往會在不知不覺中受到傷害。因此，接受並承認自己的沮喪並沒有錯。**

有些人很會照顧別人、安慰別人，卻意外地不懂得該如何安慰自己。這種人的特點是，對自己的要求很高，極度警惕自己失誤的情況。某方面來說，了解自己需要改進的部分並且加以糾正，讓自己成為更好的人，這樣的態度是好的，但是從長遠來看，過於嚴格是導致自己崩潰的開端。**對自己的失誤越敏感，就越會對其賦予過多的意義，並且不斷地傷害自己，使得痛苦沒有盡頭。如果反覆經歷負面的經驗，就會失去想擺脫這種困境的意志，所以有時候需要學會向自己伸出溫暖的手。**

在前面介紹過伊麗絲・桑德的《敏感得剛剛好》一書中，介紹了下述自我安慰的方法。

由你來做自己完美的父母吧！當我感到煎熬痛苦時，我對自己說：「親愛的自己，無法所有事情都如你所願，所以你很辛苦吧？為了能得到這些，你真的付出了許多努力，真心渴望過。」然後，我會詳細說明我想要的是什麼。在這種時候，我也不知不覺地流下眼淚，那些眼淚流露出我的悲傷和遺憾。流了一段時間的眼淚後，我就會做好心理準備要與我想要的東西告別。……就像放棄一項未完成的作品很困難，同樣地，被迫放棄一段始終未能成功的人際關係也可能很困難。

如果我們能夠為自己扮演父母的角色，撫慰傷痛，那麼即使處在沮喪的情緒中，也能輕易地擺脫痛苦。

跌倒也沒關係，終究會好起來的

一直匆匆忙忙地奔跑，任誰都會跌倒。因此，請先放下過度擔憂，跌倒一次並不會決定人生的勝敗。人生像一場馬拉松，不是百米賽跑，稍微落後一點不代表已經結束了。如果把失敗當作預料中的事，那麼即使結果不如意，也能稍微坦然以對。失敗是可被允許的，正因為有了失敗，成功的價值才會跳躍性上升。如果覺得無法立刻站起來，在跌倒的地方盡情流下悲傷的眼淚也沒關係。

看到有人用若無其事的語氣談論過去的事情時，我就替他感到惋惜。

因為對當時的他來說，那絕非一件輕鬆的事情。

所以，讓我們來答應彼此一件事，

在遙遠的未來回顧過去時，我們將不會輕視現在所流下的眼淚。

3

有淚、有遺憾的愛情
讓我成熟

人不會輕易改變

若想愛人，就要有會受傷的覺悟，因為愛伴隨著責任和義務。在分手之前，都有義務必須只注視一個人、有責任接受對方的所有一切。剛墜入愛河的人會相信自己一輩子都能做到，但時間一久，戀愛的濾鏡褪去後，就開始看見起初熱戀時在對方身上看不見的缺點，而且會因為對方不符合自己的期待而失望，或是要對方配合自己的喜好。

「人不是可以修理的」這句話，換個角度解釋就是要愛對方所有的樣貌。如果因為對方稍微不合自己的心意，就想要像修理手錶那樣拆開來修理，就等於是在「愛的關係」中扣錯第一顆鈕扣。

因為在完全接受對方原本的模樣後，真正的愛才會開始，要將這點記在心中，彼此努力守護這段關係。

你的存在本身就是一種巨大的安慰

有段時間我會透過社交平台接受煩惱諮詢，許多人向我傾訴各種關於家庭、工作、戀愛等的煩惱。其中有個案例讓我印象深刻，有位女生看到她珍惜的人正在經歷困難，她卻只能給予形式上的安慰，對此非常難過。在說完來龍去脈後，她像是下定決心般留下一句話：

「希望我的安慰能幫助到他、真的能帶給他力量。就算是以物質的形式也沒關係，只要是我能做到的，我什麼都想為他做。」

她那真誠的言語以及想為男友赴湯蹈火的決心令我感動，因此我也真心地回覆她，我把答覆放在這裡，如果有人有像她一樣的困擾，希望能幫得上忙。

「妳想要帶給他力量的心意，我相信已經讓他得到很大的安慰了。我不曉得兩位是否知道那份心意有多麼珍貴，希望付出的人能保有那份心意不要改變，希望領受的人到最後都不要忘記感謝。

不過，既然妳問我方法，我還是會提供一個建議，兩位要不要試著寫點內容後分享給彼此呢？文字能傳遞言語無法說出的內心話，更重要的是能長久留存，反覆閱讀。如果很難自己寫出來，可以在閱讀別人寫的散文或一句溫暖的話後說出自己的感受。就算是同樣的內容，彼此感受的情緒溫度也一定不同。如果看了安慰的文章後，他還是覺得很辛苦，那麼就以只有妳能寫出的溫暖文字擁抱他的心。我相信你們一定能共度難關。」

如何領悟到屬於你的人很珍貴

抵達約會地點後，在許多人當中四目相接、發現彼此的瞬間；在咖啡廳許多的談話聲中，專注在彼此話題的時光；在忙碌的行程之間，兩人在聊天室互相開玩笑，這些都是在談戀愛時讓我們不禁笑出來的珍貴場景。不過，習慣一次次的見面後，珍惜對方的心意消失的那刻起，就是倦怠期。

如果為了克服倦怠期，光是找出紀念日等特別的日子辦活動，勢必很快就累了。所以我希望你平常就要繃緊神經，養成從各個觀點重新看待另一半的習慣。雖然無法預測每段關係未來會變得如何，光是想像就令人不安，但此時此刻專注在你身旁的人身上，並且珍惜他吧！即使是微小的回憶，一天天的誠意累積起來後，那回憶一定會變得龐大又鮮明，形成堅定的關係。再多回想一次，然後表達心意、立刻實踐吧！

無法掩飾失望的原因

「我可以理解，但我很失望。」

你是否曾對另一半說過或聽他說過這句話呢？因為喜歡，所以會失望，但這也表示已經累積太多壓抑的情緒。失望的人為了填滿情緒的缺口而渴望對方表達愛意、增加聯絡的次數，但當這種匱乏無法滿足時，負面的想法就會逐漸增加，想要趕快恢復關係的努力變成了執著。

因為愛意太過濃烈，才無法掩飾失望。不該怪罪或批評這樣的人，在你眼中，他似乎是因不起眼的小事而難過，可是任何人在愛情中都會變成小孩子。在這過程中，原本應該要平等的戀人關係，卻形成甲乙的權力關係，有缺乏的一方單方面渴求愛。這狀況就像一個人在單戀另一個人，只有渴求的人戰戰兢兢，甚至得厚著臉皮追究「為什麼不懂我的心意」。你可能會覺得，既然這麼辛苦，就不要再渴求了。但是，對於陷入愛情的人來說，這真的是最後的選擇。若連單戀的心意都放棄，那時也會停止失望。

放下執著的方法

身邊一定會有一兩個人對愛情相當執著。如果沒有的話，說不定你就是那個人。當然我不覺得執著是件壞事，因為執著一段關係時，會有一定程度的緊張感，想著對方、擔心對方、花心思在對方身上，這些都是確認彼此愛意的重要因素。可是我在這裡想說的執著，並非一般的執著。我想說的是過度執著，所有的注意力都在對方身上，想知道對方的每個舉動，否則就會相當不安。要是無法放下這種執著，不僅是自己，連對方也無法脫離壓力的枷鎖；能夠在自己的範圍內整理自己的情緒，是最理想的。

會變得執著是因為對對方有過多的期待和幻想。對方無法回應自己的需求時，執著的人會更加死纏爛打，那執著的情緒是出於自私的念頭和慾望。不能把「愛」和「執著」的概念弄混了，對方並不是我能私有化的事物品，更不是付錢就能買下的商品，而是金錢也換不來的個體。我期待的他跟實際的他一定不同。但是，不要忘記，我不完美，對方也是不完美的人。最理想的關係是，沒有價值觀的衝突，單單看著彼此、好好相處，但實際狀況並不像說的這麼容易。或許執著並不是我綑綁對方，而是無法放過自己。希望你能牢記，強迫對方不僅會傷害對方，也會毀了自己。

對心愛的她很殘忍的那段回憶

戀人之間有時會覺得沒有對方就活不下去，但實際上起衝突時，又常會做出無法挽回的突發舉動，可能是以暴力的形式發洩情緒，或是以言語帶給對方一輩子無法抹去的傷口。

我從小就沒有得到充分的愛，所以不太知道被愛是什麼感覺。沒有被好好愛過的人怎麼會知道該如何愛別人呢？在遇到初戀對象之前，愛情對我而言就像只存在於想像中的動物。我沒想到有天我會親口對某人說「妳很珍貴」，也沒想到會以溫柔的聲音輕聲細語地對某人說「妳很漂亮」。問題在於，我只有靠近愛的勇氣，卻沒有能盛裝愛的器皿。那時我第一次了解到要完全接受對方的一切並不容易，我就像是在愛情的馬拉松賽道上，一開始就全力衝刺，沒過多久就累倒的選手。

有一次，我跟她鬧翻了，一氣之下，我一個人走掉，留她獨自在餐廳裡。後來她跟在我後面，不敢跟我講話，保持一段距離，持續跟著我。我發現之後就加快腳步，快速走向捷運站。那時她就像淋著雨的小狗，令人非常心疼，我卻到最後都沒有勇氣向她道歉、抱抱她。當時我們是遠距離戀愛，見面的日子已經不多，我卻留她一人，獨自回家。當她被心愛的人拋下、獨自一人時，心情會是如何呢？那簡直就是一道無法癒合的傷痕。

當時的我情緒起伏很大，之後還讓她痛苦過好幾次，分手也提了三四次。每次她都說沒關係，但自私的我並沒有仔細察覺到她溫暖的心意。當我體會到這一切的錯誤時為時已晚。在我恢復理性之後，她已經準備要分開，我表現出平淡的態度接受分手的通知。這麼難遇見的人，我竟然輕易地送她離開，後來我難過了很長一段時間，到那時我才領悟到，她與我交往時的痛苦與煎熬應該多上好幾倍。

因為愛情而變得成熟

分手一年後，有天再次聯絡上。再次見面時，我們都變了很多。她在戀愛時是那種會奮不顧身的類型，在與我交往的期間都專注在我身上，沒能照顧自己。可能也是個性使然，她是家中長女，家人對她的期待很大。這樣的她在與我分手一年左右，已經變成懂得善待自己的人。她露出燦爛的微笑對我說，已經風光地考上自己想讀的大學。

反觀過去的我很容易隨口說出無法遵守的諾言，雖然知道要勇往直前地挑戰，卻沒有相對應的辦法；情緒起伏太大，微小的衝突也會對我造成龐大的影響。這樣的我，是直到找出自己擅長的事情後才變得不容易倒下。如果說以前的我充斥著沒來由的自信感，現在的我則是具備了有根據的自信感。維持每天寫作的習慣後，就能更客觀地看待狀況，降低情緒起伏。我體會到「說話要負責」，所以總是謹言慎行。更重要的是，我擁有了想要從一而終地努力愛著一個人的念頭，這所有的變化都是跟她分手後才頓悟。當然人不可能頃刻之間完全改變，我只是努力想要成為比昨天的我更好的人。

維多利亞時代的英國小說家喬治・艾略特（George Eliot）說：「只有在離別的痛苦中才能了解愛的深度。」透過與她的相遇和離別讓我更成熟了。

我想，任何人應該都有一段關於愛的痛苦記憶。雖然不知道其他人是怎麼處理那段記憶，但如今我希望能安靜地將那段記憶埋藏在過去。

盡情地討厭，再盡情地思念吧！

任何人在一開始相愛時都不會有要分手的覺悟，只是當一起行走在人生這遙遠的路程時，發現彼此不合適而轉身走向各自的道路。就算回顧過往一起走過的路程，也已經找不到當初熱烈愛著的那個人。回憶沒辦法撕成兩半收藏，帶給對方的傷口不僅無法挽回，沒有為對方多著想、沒有盡全力去愛、犯下致命錯誤的種種，這些都無法消除。再怎麼後悔也無濟於事，所有的記憶都無法修改，只會完整地保留在人生這本書上的某一頁上。

因此，現在你經歷的痛苦是當下怎麼做都無法消除的。把這件事情想成是發生車禍就很容易理解，當身體被車撞之後，沒有一處完好如初，難道隔天能立刻正常生活嗎？要住院、等到完全痊癒才行。現在你的痛苦也是一樣，時間一久就會沖淡。持續跟能幫助你恢復的朋友見面、做你能做到的事，都有助於你更快度過痛苦的時間。

倘若你還是無法擺脫失去的感覺，就讀能帶給你安慰的書籍或悲傷的詩吧！那些內容能給你勇氣面對分手的痛苦。希望你在淡忘分手的痛苦之前都盡情地恨對方，盡情思念對方，如此一點一點地安慰自己吧！

直到對你提分手之前

在我向你提分手之前、在我們面臨離別之前，我嘗試跟你對話過幾次吧！你記得，有一次我太不舒服，一整天都沒聯絡你嗎？你明明知道我已經病倒了好幾天，卻連一通電話都沒有打，你一點都不關心我在哪裡、在做什麼。如果我這樣說，你又會抗議，會無辜地問我為什麼沒有更直接地表達、那樣拐個彎講話誰知道、拜託我說得直白一點。可是啊，你並沒有資格那麼說，你以前不是這樣的，你追求我的時候，曾經是個連我微小的肢體動作、語氣變化都能察覺，還會擔心地問我怎麼了的人。

時間過去之後，那樣的關注消失了。其實我們都心知肚明，你只是習慣我在你身邊，從擄獲我心的那刻起，你的愛就終止了，而你誤以為你還愛我。會在交往時結束的感情並不是愛，會因時間流逝而改變的感情並不是愛，努力想要始終如一地善待對方的感情才是真正的愛。我對於你的改變非常失望，一直失望到最後，我就放棄了。我只是想得到一份不會改變的愛，但看來連這個期盼也是奢求。關係持續越久，我們的愛並沒有變得更深，傷口反而一天天加深。

我說啊，如果我多認識你一點、你更努力一點，會改變些什麼嗎？不過，我現在知道了，我已經盡了全力，而這是最好的選擇。你愛著像我這麼挑剔的人真是辛苦了，再見，保重！

離別的傷口很痛的原因

我是個好人卻不是個好伴侶。分手兩週後，我決定不要再因為愛而放棄自己去配合對方。我已經盡全力去愛，所以沒有遺憾，也沒有後悔。我的自尊心沒道理因為你一個人離開而受損。只有在相愛的時候，你對我而言才是特別的人，已經分手了，你就與其他人沒什麼兩樣。

相愛時，最重要的就是全力以赴愛那個人，但你的優先順位永遠不是我，而是身邊的人和環境。在你有空的時候，你才會來見我，而我只能配合你的所有行程。

珍惜的人一夕之間消失了，一開始雖然快要抓狂，但正在逐漸好轉。

你不會知道被心愛之人無情拋棄會讓一個人變得多麼淒涼，不過，有件事我敢肯定，不會再有人像我這樣用盡全力愛你了。我過去對你那麼好是因為我很珍惜你，但現在不是了，所以我能自然地克服「離別」。至少往後我不會再因為你而獨自痛苦、受傷、煎熬。就算會有一陣子整夜流淚，但為了總有一天能再次去愛，現在需要痛苦地度過這段時間。

說不定我也只是談了一場平凡的戀愛，跟其他人沒有什麼不同。這是任何地方都有的愛情、常見的離別，我卻相信這很特別，才覺得傷口特別深。與看似會永遠在一起的人分離，應該是大部分，不，是所有人都會經歷的事。

被熟悉蒙蔽而分心

有次我收到這樣的煩惱諮詢：

「我跟男友交往一年，相處得不錯，可是現在覺得有點膩了。我不想被干涉，晚上想要自由地到處去玩。可是，如果我跟其他人交往，可能再也找不到像他一樣帶給我安全感的人了⋯⋯。」

來諮詢的這位女性所說的安全感，可能就是「不會感到孤單」。她為了擺脫孤單而談戀愛，但現在已經足夠了。因為她的社群追蹤人數相當多，留言區中也充滿許多想當她男友的人，似乎不再需要從男友這邊獲得安全感。

身邊總是會有些人說「談戀愛還是很寂寞」。他們無法分辨是因為愛而跟對方交往，還是為了滿足自己的慾望而交往，就只是持續談戀愛。哲學家阿蘭．巴迪歐（Alain Badiou）點出，人不會付出真實的愛，愛是屬於兩人的經驗，是「兩人同時出現的舞台」。這句話是在問我們，在相愛的時候有多關注對方。要是除了對方之外，還有很多要關注的事情，談戀愛的優先順位自然就會被往後延。如果兩人的狀況差不多，就不是大問題，但如果一方開始感到匱乏，不用看也知道關係的結局會是如何。

大家都說，愛不是等工作都做完後，有時間再來談的。如果把待在身旁的人視為理所當然而覺得膩了，就要思考是不是被「熟悉」蒙蔽，忘記了「珍惜」。

不要把愛的決定權交給別人

「您覺得我應該要跟這個人分手嗎？」
「請問我應該要再次跟他交往嗎？」

老實說，每次看到這種問題，我都會嘆一口氣。當然我可以理解他們認為第三者比當事人更能客觀地看見問題，但戀愛這種問題無論我給出什麼建議，當事人還是會按照自己心中所想的行動，所以我不會硬是給出長篇大論；而且仔細聽他們說的話，大部分都不是認真尋求建議，只是列舉對方的缺點，拚命挖掘不好的回憶。

除非自己想要改進，否則缺點是改變不了的，再加上，就算有想要改變的意志，人本來就是會依據長久以來的習慣或當下的情緒而行動，所以需要時間反省自己的問題，慢慢變得成熟。如果你現在已經覺得太辛苦，無法再撐過這段時間，那麼就希望你思考看看，是要忍耐著痛苦、持續受傷，繼續跟他交往？還是乾脆分手？哪個比較好呢？如果沒有確實地訂出交往和分手的決定標準，就只是讓自己更煎熬而已。一般人都很難容忍另一半跟其他異性過度親近，然而當你的另一半已經越過這條線時，也許你會認為還有改善的空間而繼續在一起，但你也可以乾脆選擇各走各的路。

復合也需要好好地思考，你可能會因為過去已經受過傷害或害怕未來再受傷而排斥復合。這需要一段過程，不應該在衝動之下只看到復合的好處，而是至少要有覺悟「可能會因為跟過去一樣的問題而再次受傷」。如果已經下定決心要復合，我希望你能反問自己過去是否已經在他身上用盡全力，並且這次是否真的會做到你能做的程度。那麼，自然就會有結論了。

愛情永遠不是一百就是零

兩隻手的手掌心必須相對才能拍出聲音，相愛的兩人都要懇切，愛才能持久。能克服倦怠期、愛情長跑的人，都是在價值觀或個性出現對立時會各退一步，理解彼此。如果都沒有為了理解對方而付出最小程度的努力，光是以個性不合為藉口分手，倒不如說已經不喜歡了還比較實在。就算是外表出眾、財力雄厚、個性很好的人，隨著時間的推移，一定會看到缺點。

如果你已經習慣找各種藉口提分手，就需要檢視自己的戀愛方式；如果你一直重複短暫交往後就分手的過程，就要檢視自己的心，說不定你心中某些事情尚未解決：經濟狀況、心靈餘裕、還忘不了前任等等。

倘若不安湧上，似乎要吞噬你，就專注在去愛的念頭上，消弭不安吧！我希望你跟愛人約定會攜手克服困難，只要兩個人一起，無論是目前面臨的不安或是往後將會到來的不安，一定都能克服。我相信「用盡全力去愛」就是一起克服困難的心態。

有些相遇是注定，有些離別是無奈

很多人會很浪漫地說相遇是命中注定，卻冷漠地說離別是無可奈何。不過，相遇既非命中注定，離別也不是無可奈何，戀愛的開始與結束都是你的選擇創造出來的。相愛的開始是你的選擇，結束當然也包含你的意志。

在做出最後的選擇之前，要先問自己一件事：若是選擇離別，請詢問自己「在交往期間是否真的盡了全力？就這樣送對方走也沒關係嗎？」；想要繼續交往的話，請仔細想想看，是否有覺悟能毫不改變地愛著對方。要確實地決定後再執行，因為在你猶豫的期間，對方可能已經默默做好要許定終身的承諾，或是已經疲於在戀愛中浪費感情，準備要轉身了。

愛情是把原石變成寶石

「大家都認為結婚是在尋找寶石，夢想著能在結婚時，遇見自己心中的理想對象，但結婚對我來說不是那樣。我認為結婚是把原石變成寶石的過程。看到心愛的人逐漸變成寶石，真的非常喜悅，而我這個原石也因為老婆而逐漸變成寶石。如果只是一直尋找寶石，勢必會對婚姻生活失望。」這是歌手Sean在《Healing Camp》的訪談節目上提到對結婚的看法。

Sean在演藝圈是寵妻代表，很久以前就已經透過其他的節目知道這件事。我偶爾會想知道他的近況而找他的新聞來看，某次聽說他在自己的社交平台上上傳結婚五千天的慶祝照片。他到底是怎麼能在自己的工作上這麼努力，同時也不疏於愛著配偶和子女的呢？

Sean在《Healing Camp》節目上說，一般的父母在有了子女後，就會將注意力放在子女身上，連父母的爭執往往也都是因子女而起的。因此，Sean公開他維持幸福婚姻生活的祕訣，那就是「專注在彼此身上」。唯有父母展現相愛的態度，才能帶給子女正面的影響。

Sean和鄭慧英夫妻提出三個守護愛情的方法：

第一、先真心對待彼此。

第二、為了看見彼此的優點而持續關注對方。

第三、想著今天是最後一天來對待彼此。

先尊重對方、不忘記要看著對方的優點、今天也盡全力去愛，我認為這是最簡單卻最正確的答案。

我想遇到這樣的人

我需要的人不是對所有人都很有吸引力的人，而是能在身邊真心相待的人，能一起分享生活中的微小片刻和有趣事物。如果只能有一人留在我身邊，我希望是這樣的人。當然為了遇到很好的人，我必須成為對他而言很好的人。

我想要遇見
初次見面卻像是認識很久一樣
相處起來很舒服的人。

在極為失落的那一天，
我拋出情緒性的問題時，
即使他無法說出我想聽見的答案
依然想理解我的心意的人。

連一句話也會慎重地說的人，
用言語帶來正向影響的人。

即使偶爾會有距離感，
還是會為了縮短距離，
而鼓起勇氣靠近我的人。

更重要的是，
他是因為愛我
而需要我的人。

成熟戀愛的六個建議

1.固然要相信對方，但不要輕易原諒對方的背叛

信賴是出於對對方的正面期待。與其突顯對方的缺點、事先規定「不能變心」，不如以開放的心態面對所愛的人，這樣才不會戰戰兢兢、提心吊膽。如果你相信他，對方卻犯了錯，就要設定能原諒的容忍程度。一旦越線了，就要保持堅定的態度，不要輕易原諒。

2.養成具體表達的習慣

以「很好啊！」、「不錯啊！」來表達情緒或日常生活，實在是太抽象了。懂得具體地傳遞自己的想法，也表示能以各種行動表達愛意，如果能清楚地說明「今天我的心情如何」、「我現在在想什麼」，溝通就會很融洽。儘管看起來都是些微不足道的方法，但具體的表達有助於增進愛人之間的交流、降低衝突。

3. 成為對他最好的人

如果對所有人都很親切，偏偏對愛人不親切，那又有什麼用呢？不需要對所有人都很好，只要對愛人很好就行了。

4. 該改的就要改

「人要改變並不容易。」任何人都會這樣想，但如果有個缺點是對方特別無法接受的，就算需要一些時間也還是努力改過來吧！不要覺得「從小都是這樣，不可能改變」而直接放棄。即使無法變得完美，想要改變的努力也能延長愛情的壽命。

5.不要懈於察覺對方的變化

長久維繫愛情的方法當中，「莫忘初衷」和「表達愛意」的方法非常模糊，重點是該怎麼不忘記初衷、該怎麼表達才能讓對方感受到愛意。我想說，就是要察覺對方的變化，然後對那變化做出反應。意思就是察覺到對方精心挑選的穿搭、髮型的改變、細微表情的差異，這都代表你很關心他。就像熱戀期時，會對於對方的一舉手、一投足全神貫注那般，仔細觀察對方的眼神總是要閃閃發亮。

6.他有多珍惜你，你就多愛他

我希望你絕對不要在愛他的過程中失去自己。不管你有多愛他、就算你照顧別人的習慣已經刻入骨子裡，在相愛的時候允許自己受傷，就等於是毀滅自己。人在不愛自己的時候是最孤獨的，想要透過盲目地愛別人來補足無法填滿的內心，就像把水倒在底部破裂的甕裡。如果只知道付出愛卻不懂得如何節制，就試著練習愛自己，只要用愛他的一半的愛就好。彷彿自己從未受過傷那般愛著自己吧！這樣下次就知道如何付出更健康、更成熟的愛。

4

人生很好，

只是偶爾不順心

能「防止失誤」的模糊地帶

我算是個性很急的人，用另一個角度來說，就是很衝動的人。這種個性勇往直前，優點是一想到好點子就會立刻執行。面對人際關係時也是如此，覺得需要某人時，就會毫無顧忌地靠近；覺得關係讓我辛苦時，就會毫不留戀地切割。不過缺點就是，感性勝過理性，遇到事情時會非常慌張；就算設定目標，拚了命地朝著目標奔馳，過程中還是會想東想西，容易分心、注意力不集中；偶爾還會因為錯誤判斷而批評、毀謗他人，再加上個性衝動，慌張時還會不由自主地說謊。

或許對這樣的我來說，需要跟人事物保持些微的距離，也就是模糊地帶。生活中有時需要做出選擇，但我常隨意判斷而捅婁子，然後發生問題就後悔不已。所以，現在我正努力培養習慣，如果還半信半疑就一定要先確認，無論是對事情還是對人，都需要付出努力來掌握外在情勢和內在自我。不能因為只顧自己就對別人隨便說話；也不能因為只顧他人，連自己都賠上了。在踩下情緒的油門之前，至少要理性地先剎車一次，這習慣是做出聰明選擇的第一步。

體力的重要性

鍛鍊體力能幫助我們做到更多事。同樣做一件事，體力很好的人能撐得更久，在讀書或與人相處時也能更專注，甚至在當天所有行程結束後，還有力氣做自己想做的事。也許這就是為什麼許多健康專家都會建議有氧運動，或至少每天健走三十分鐘以上。

如果要再加一句，我想強調精神的體力，培養能面對問題的力量特別重要。缺乏勇氣的人，大多會在發生問題時假裝什麼事都沒有發生、什麼都不知道。我也是迴避型的人，每當遇到困難的事情就會忙著斷絕聯絡或逃避，但現在的我，試圖在承受壓力時接受事實、直接面對並解決，因為我體會到這樣的努力會影響到自制力、忍耐力和判斷力。說到底，培養面對問題的力量都是為了自己好。

無論是身體的力量還是精神的力量，都能透過自身的努力培養，畢竟我們只是平凡的人類，沒有獲得上天賜予的任何才能。所以，如果想做更多事、想做得更好，就要培養體力，這會讓你成為更卓越的人。

吸引幸運的習慣

機會只會去找起身行動的人，同時我們也要培養能認出機會的眼光。俗話說得好，「機會不會以機會的樣貌出現」，機會就是如此難以察覺。在這不長也不短的人生裡，我發現機會降臨在積極行動的人身上，並非偶然。為了獲取成功，努力當然很重要，但最終能獲取成功的人是努力加上機會。因此，重點是要擁有能在幸運找上門時察覺的眼光。

紅綠燈存在的目的是為了告知什麼時候該前進、什麼時候該停止。在忙碌地奔馳時要回頭看看是否闖紅燈了，停下來喘口氣時也要確認是否錯過了綠燈。判斷一件事情之前，要養成花時間充分思考的習慣，這樣的習慣一再累積，自然而然地身邊就會充滿機會，只要在把握機會後付出努力，就能前往更好的環境。

即使不能每天幸福，也能每天微笑

我們很清楚，不該追求任何人都無法保障會幸福的未來，而是此時此刻到現在就要變得幸福。不過，之所以很難變得幸福，說不定就是因為只以抽象的概念去理解幸福。如果是找出現在立刻能讓你微笑的具體事情，應該就能更快靠近幸福，所以別茫然地尋找龐大的幸福，請專注在微小、零碎的片刻吧！跟喜歡的人見面、吃美味的食物、看精彩的書或電影等，生活中有許多我們未能體會的瑣碎卻珍貴的時刻。倘若你目前正在準備大學入學考試或證照考試，偶爾跟朋友一起去平常獨自前往的自習室吧！在路上短暫的閒聊，多少能夠減緩壓力。如果平常在Instagram或臉書上看到有趣的貼文後，只是自己笑笑、儲存起來，現在可以試著轉發給朋友，一起分享喜悅。我們身邊有很多能讓我們立刻微笑的事情。我這樣說的時候，可能會有人嗤之以鼻地說，那種程度的開心怎麼能讓人變得幸福？但我想反問，如果連這種微小的幸福都無法感受，又怎麼能把握大的幸福呢？

我認為幸福是微小的滿足感匯集而成的時間。即使現在辛苦又茫然，如果懂得用小小的笑容緩解緊張，不就已經過得幸福了嗎？無論周圍的人有多麼猜忌、嫉妒、想要擊垮你，幸福的人終究能再次站起來。就算沒有用言語表達幸福，還是以全身感受幸福，這種態度會對生活整體帶來正面影響。所以，我們一起變得幸福吧！

期望卻不失望的方法

所謂的期望，是指期待事物能達成的希望。目標明確的人期望著只要持續努力就能達成夢想，看重人際關係的人期望著對方能回報自己的付出。明知這樣的期望不切實際，後來發現回報不符自己的投資時，還是會失望地說「這就是現實」，一般人都是如此。

失望的時候，最該防備的就是「也是啦！反正本來就不可能」、「果然人就是無法相信」這種自暴自棄的態度。對某件事抱有期望是一種「理想」，而理想就像太陽，指引我們的道路，從黑暗中走向光明，但若有勇無謀地靠近，反而會被燒得灰飛煙滅。因此，為了不落入補償心態的圈套，最好能先具備輕鬆、有餘裕的心態，告訴自己「可能會失敗」來緩解失敗時的衝擊，但這並不是要徹底壓抑慾望或對所有人都豎起高牆。即使是不可能做到的事，你也可以懷抱夢想；即使是對你不感興趣的人，你也可以付出真心，只是需要做好覺悟和準備，防止自己在期待被辜負時完全倒下。

一邊維持基本的生活，一邊持續挑戰吧！拋棄一切、奮不顧身的人不是勇敢，而是有勇無謀。要懂得分辨我做得到的事、我做不到的事，對於做不到的事也要懂得尋求他人幫助。如果沒有他人的幫助，任何人都無法創造出成果。

而且為了維持良好的關係，要互相理解，透過對話讓雙方的標準一致。更重要的是，也要承認有些關係無論再怎麼努力維持，仍然有一定的有效期限。

固然要看清現實，但還是對人生抱持積極的態度吧！因為只要有決心會持續達成與自己的約定，理想中的未來就會在不知不覺間出現在眼前。

關於「你好像有點敏感」的忠告

提到「敏感的人」，就會浮現特定的形象：不好相處、很愛抱怨之類的，可能是睡到一半被隔壁房的開門聲吵醒，或是特別在意別人覺得稀鬆平常的事。沒錯，敏感的人總是讓人疲憊，那麼在字典裡「敏感」的定義是什麼呢？

敏感（形容詞）

1.感受、分析或判斷事物的能力快速且卓越。

2.受到刺激時的反應或感覺過於敏銳。

也就是說，敏感的人對微小的變化或訊號能快速察覺並反應，也能快速投入情緒且心思細膩。遇到問題時，敏感的人會比別人更快發現，受到更深的影響，所以常常被指責「這又沒什麼，幹嘛那麼在意？」。但仔細推敲這些話，其實隱含著「差不多就好了，何必這麼緊繃，破壞氣氛？」的意思。

其實我們所有人都會對某些部分特別敏感，我在寫作的時候很敏感，常常在考慮該寫什麼。如果獲得了某些經驗，就會在感受、分析和判斷後，把抽象的想法用文字整理得一目了然。雖然沒有聽過身邊的人親口說我很敏感，但我為了寫作而不斷培養「敏感」的感受，後來就成了作家。如果在讀書會上發表自己的感想時只說「就……還不錯」，應該沒有人會喜歡。假如讀書會的目的只是讀一本書就沒關係，但我認為在特地分享各種觀點和靈感的讀書會上，只是用最簡單的回答說「還不錯」，並不尊重與會者。

也就是說，人都很敏感，敏感的點都不一樣，只不過我們的社會認為敏感是負面的特徵，才想要抑制。所以以後如果你覺得身邊某人很敏感，請記得，或許其他人也覺得你很敏感，然後希望你能寬大地包容。

對於憂鬱症的觀察

有一陣子我認為，只要努力，一定可以克服憂鬱症，所以很喜歡激勵別人。我相信任何人都能像我一樣克服過去的傷口、戰勝憂鬱症，更重要的是，我相信任何傷口都能透過寫作治療，因為許多作家都說自己透過寫作克服了憂鬱症。

無論是何種方式的寫作都是在表達自己，所以是有助於精神健康沒錯，但當我知道憂鬱症是精神疾病時，我就非常小心面對。

根據醫學上的定義，憂鬱症並非只是憂鬱的情緒，是「前額葉和邊緣系統的機能低下，導致憂鬱、沒有動力、注意力不集中的狀態」。罹患憂鬱症的人，對於生活中的刺激都不會有任何興致（正確來說應該是無精打采）或是被負面情緒壟罩。有些人說「不管別人說什麼，聽起來都像是在罵我」，因此這跟每個人都感受過的「憂鬱」是完全不同的概念。憂鬱症並非一時的情緒，而是接近大腦受損的狀態，難以憑個人意志解決，所以憂鬱症需要接受專業治療。

病患的家人、朋友、伴侶的角色非常重要，絕對不能提供無關緊要的忠告「比你辛苦的人更多」、「你的態度有問題」，應該要冷靜地傾聽，在能產生正面影響的範圍內積極幫助。

如果我們的性別改變的話

在電影《這個男人很難搞》（I am not an easy man）的世界觀中，高傲的女性解開襯衫、露出自豪的腹肌，男性穿著短褲、賣弄風騷，這都是理所當然的。電影主角戴米安因童年的陰影，腦中深植著以男性為中心的思想，他還想要設計能記錄一年睡過幾個女人並且比較不同年度數據的應用程式，是個令人討厭的風流男人。某天他穿越到與自己所處的世界截然不同是以女性為中心的社會。戴米安起初相當混淆，但隨著時間的過去，越來越適應那個社會，遇到所愛的女人亞歷珊卓後，甚至論及婚嫁，但原來亞歷珊卓早已結婚（到這裡差不多是主要的劇情）。

反轉性別的概念很簡單，但這部電影卻有效地說出女性在這個社會上經歷到的歧視與矛盾，裡面有句台詞令我印象深刻：

「我明白了，那我要閉上嘴巴，小心講話才行，你沒有理由需要改變，我們並不相同，我說錯了。」（譯註：這個台詞的背景是，男主角以為女主角在玩弄他，當女主角反駁說你以前也是一樣的時候，男主角心有不甘地說出這句話。）男主角戴米安在以女性為中心的社會對亞歷珊卓說了這句話。早已習慣男性優越主義的戴米安，竟然親口說出這句話，可知「換位思考」的威力有多強。

我幾年前也無法理解，為什麼女生朋友深夜回家時，都會要求彼此打電話確認有沒有平安到家。不過，後來我透過幾個跡象察覺到，對男性而言微小的事情，對女性來說絕不微小。我透過電影體驗到女性生活的重擔，心中累積的情緒在電影結束後爆發哭了出來，我也開始檢視「男性在社會上的身分」，站在既得利益者的角度很難同理弱者或少數族群，也很難了解自己是否對社會帶來負面影響。

我相信，我們應該要擺脫以性別劃分角色的概念，為此社會成員都要一起同心協力。雖然不像說的這麼容易，但這是不能再忽視的問題了。

想去看海的心情

看著海面，彷彿所有的煩惱都順著水流捲走；泗泳在水面下時，覺得自己變得自由；海浪聲則帶給我安定感。因此，當我的伴侶、朋友或是我需要安慰時，我都會說「我們去看海吧！」。

聽說在看著大自然時，大腦會處於休息的狀態，所以需要休息時或要專注寫作時，我一定會去海邊。一個人看也很開心，跟別人一起看也很享受，如今海邊成了我的祕密基地，是我無處可去的時候想短暫停留的地方；是伴隨著打字聲，安靜地輸出靈感的地方，如今海邊成了我生活的一部分。

以為一輩子都不能原諒媽媽①

在我還很小、沒有記憶的時候，父母就離婚了。雖然許多人都會說「為了孩子就忍耐點」，然後繼續維持婚姻，但看來在我父母身上不適用。這件事對於年幼的我相當殘忍，因此埋怨的箭靶自然而然就指向養育我的媽媽。

就讀小學和國中時，我最討厭家境不好這件事。我想邀請同學來家裡，但狹窄、發出臭味的家，令我非常沒有面子。同學穿的名牌衣服和鞋子是我做夢也不敢想的，長達好幾年我都是穿著不到一萬韓元的衣服。

當時更讓我難受的是，媽媽會以暴力壓制我，媽媽曾在眾目睽睽之下毆打我、扯我的頭髮，讓我沒有面子。我下定決心說「我以後要當個好父母……絕對不會那麼做」，在成長的過程中，我為了擺脫貧窮的枷鎖而對成功非常執著。也許是真誠打動了上天，我考上我夢想中的大學。學校離家很遠，我想著「終於能擺脫令人厭煩的家庭」，立刻開始搬出去住。雖然一開始媽媽有提供生活費，但不知從何時開始就中斷了。

跟媽媽分居後不再爭吵，令我非常開心，那是我出生後第一次感受到安穩。雖然媽媽還是會定期傳訊息關心我，但我不太會回，似乎光是文字溝通，也會勾起過去的回憶。在這段獨處的時間，我專注在自己身上。就算花了一點時間，我還是透過寫作回顧令我傷痛的過去，某種程度上克服童年的陰影。我學會如何理解別人的痛苦，也懂得說出安慰他人的言語。大概就是在我對媽媽的恨意已經沉澱的時候，我再次遇到媽媽。

媽媽看起來相當柔弱，跟年輕時截然不同，臉上和手上布滿皺紋，粗糙的手背龜裂滲血。媽媽依然獨自住在之前我們一起住過的家，她的樣子令我非常心疼。為了養育兒子，她燃燒了自己的青春，她會不會恨我呢？會不會對於無情流逝的歲月感到氣憤呢？說不定是我的存在搞砸了這個女人的一生，想到這些，我就開始用不同的視角看待媽媽的生活。

以為一輩子都不能原諒媽媽②

媽媽在二十三歲生下我，以現代人來說就是還在讀大學或剛進社會，正在談戀愛或是準備要挑戰自己的夢想。她在這麼年輕的時候生下我，還得獨自扶養我，她的心情是如何呢？老實說，我並不懂。她是心痛呢？還是令我意外地淡然面對呢？

為了賺錢養我，媽媽只好把我送到托兒所，將那麼年幼的孩子交給別人的心情是如何呢？她是惶惶不安，擔心我發生意外？還是終於可以跟難搞的孩子稍微分開而鬆一口氣呢？

在日本的時候，我有一次差點被中國人拐走，還好當時有人趕快報警，在狀況變得更危急之前，及早抓到誘拐犯，我也平安無事回到家。媽媽因為這個事件到現在都很防備中國人。

等我長大之後，最常聽到媽媽說：「你小時候真的很可愛……」大概是因為青春期太不聽話的關係。不過，即使我這麼不聽話，媽媽還是塞錢給我，叫我無論如何一定要吃飯。媽媽身體不好，沒辦法正常工作，到底是從哪裡賺到錢？兒子轉眼間已經長大成人，為了賺取大學獎學金而努力讀書，也開始打工賺生活費，平日凌晨兼差裝卸貨，週末在便利商店上夜班，後來兒子突然就休學，開始寫作了。不知道是從哪裡來的信心，突然變得自信滿滿，還聽說已經出書了。但是她依然相當心疼拚命賺錢、圓夢的兒子，於是對兒子說：「兒子啊，我要不要找個對象呢？要不然你也不用這麼辛苦……。」

兒子第一次看到媽媽這麼脆弱，慌張不已，那時體會到「婦人弱也，而為母則強」這句話是騙人的，其實媽媽也是一個女人。兒子聽到這句話後，充滿自信地說：「如果是擔心錢的話，不需要這麼做。我一定會成功的。媽媽想做什麼，我立刻就能幫助妳。不用擔心我。」

兒子的態度一點一點改變。儘管媽媽造成的傷害還沒有完全痊癒，但兒子似乎為了能拉近距離而一點一點努力著。雖然還沒辦法說出「我愛妳」，但是到了母親節會送花，也會給點紅包，因為會像愛人，不，比愛人更替兒子擔心、更在意的人就是媽媽。

媽媽雖然沒辦法像其他父母那樣為孩子做很多，但她能做的都做了。

在我長大成人之前，我們都帶給彼此許多傷害。不過，我相信往後會一起變得順利，一定會越來越好。雖然思考方式非常不同，但比任何人更為我著想的人就是媽媽。

將善意視為理所當然的心態

「作家你人真好，你好像都有餘力去關心別人的煩惱。」

我曾經在Instagram的個人檔案中寫著「如果在私訊中說出您的苦惱，我會回覆的」，但除了認真尋求建議的訊息之外，很多都是純粹抱怨的訊息。好比說，當我看到有人說「你還有餘力傾聽別人的煩惱，真好」，我一度陷入了沉思。當時我並不是因為時間充裕而接受煩惱諮詢，而是願意為了那些看完我的文章依然無法解決煩惱的人而花費時間。

我也要為了生活而工作、寫作、照顧自己的人，時間總是不夠用。儘管如此，我仍透過諮詢與其他人交流，原因是想要對關注我貼文的人釋放小小的善意。我的答覆可能無法一次就解決他們的問題，甚至可能一點幫助都沒有。因此，我沒有收費。

對話後讓人感到內心舒暢的人，他們的共通點是忍住自己想說的話，傾聽對方的話。這看似簡單，其實並不容易，每個人都想講自己的話，希望有人聽自己說話。抑制這種欲望，耐著性子聽別人說話，比想像的更費力。因此，希望你不要將對方的傾聽視為自己的權利、視為理所當然。

培養能守護自己的語言力量吧！

在少則數十萬，多則數百萬人觀看的社交軟體上發文時，經常會收到來自四面八方的指責或具有攻擊性的留言。某次有人提出邏輯上的問題，我也毫不含糊地反駁了，但接著對方開始模糊論點，說一些離題的話，我只好默默使用封鎖功能（當然，也可能是我被封鎖了）。這種情況已經不只一兩次了，所以現在我都選擇忽略那些只會抱怨和指責的人。因為我知道，如果是批評，還有可以接受的空間，但我沒有必要浪費時間去應付那些無謂的指責。只不過，每當這樣的時候，我都會再次下定決心，不要停止培養詞彙能力，也不要放棄「寫作」這個守護自己的方式。

即使不是為了回應惡意留言者，豐富的語言能力在工作時、和朋友溝通時、對陌生人正確表達自己的想法時，也都是不可缺少的，況且寫作對於培養詞彙能力非常有效。

人可能會被言語擊垮，也可能會因言語而站起來。從這一點來看，寫作可能是長矛，也可能是盾牌。我不會因為那些討厭我的人就畏縮不前，即使被他人的攻擊所撼動，我也絕不會放棄。

當生活讓你感到懷疑時

有時候，我們會莫名地感到空虛和無力。

「我現在真的做得好嗎？」

無論再怎麼試圖正面思考和前進，鬱悶的心情依然不會消失。也許我現在取得了某種程度的成就，但這不是因為我很努力過生活，而是因為我每次都幸運地選擇了適合自己的道路。畢竟，要達到成功這座高峰，不僅需要努力，在努力之上還需要運氣的加持。

即使努力地想擁有自信，依然會覺得自己微不足道，有時候還會覺得自己非常可憐。人類為了證明自己存在的價值而不斷地競爭和鬥爭，雖然一輩子都在努力成為一個特別的人，但是當這股力量被榨乾，一點都不剩的時候，就會知道在這個世界上連平凡的生活都難以掌握。

然而，那樣的世界正在逐漸改變。社會開始對個人的故事產生共鳴，越來越多的人用自己獨特的哲學和語言影響著群體。過去無法賺錢的才華引來爆發性的消費，曾經被忽視的人透過獨特的創意掀起了革新。

雖然世界看起來總是原地踏步，但只要打起精神來，就會發現世界正一點一點改變，而我們可以從中找到生存的方法。如果你覺得自己好像停滯不前，彷彿只是在跟著別人走，那麼希望你能暫時停下來，給自己一些思考的時間。之所以會持續感到無力和沮喪，可能是因為錯過了只有長時間觀察才能領悟到的珍貴的東西。

「人生」這個潘朵拉盒子

在得知某個禁忌的祕密或可怕的真相時，通常會用「打開了潘朵拉的盒子」來形容。眾所周知，希臘神話中的「潘朵拉的盒子」是一個裝有貪婪、嫉妒、悲傷、厭惡等負面情緒的禁忌盒子，潘朵拉意外打開這個盒子後，這些負面情緒全都擴散到這個世界上，直到最後還留在盒子裡的，就是「希望」。

人類的生活也與此相似，雖然我們在日常生活中經歷了許多困難和痛苦，但「希望」總是留在我們的心中，堅守著自己的位置。「希望」會成為人生的指南針，指引我們該朝哪個方向前進。

在我小時候，父母在日本離婚了，之後我在家裡無法得到任何人的認可。由於未能滿足被認可的需求，我試圖在朋友間填補這一塊空缺，卻受到許多傷害。當時每年都搬家，沒辦法跟朋友們建立深厚的交情。不知不覺間，我成長到十二歲，要回韓國之前，我最後在日本結交的幾個朋友緊緊握住了我的雙手，當時我還無法打開心門，我問他們為什麼這麼關心我，他們回答說：「因為我們是朋友嘛！還需要其他理由嗎？」那一瞬間，我感覺到人生中的某一塊拼圖被放在正確的位置，讓我明白未來該如何生活。

回到韓國後，我先學會的是髒話，因為髒話無時無刻不伴隨著我，其中最常聽到的是「小日本鬼子」。國中的時候，我一直在想，死了會不會舒服一點。每到早晨，這種想法會短暫地消失，但是白天的時候心裡會非常痛苦，一到晚上又會產生自殺的衝動。我想，在國中畢業之前流過的眼淚，說不定就占了我這一生中一半的眼淚。

上高中後，雖然我的心靈依然荒蕪貧瘠，卻開始萌生想要嘗試些什麼的念頭。「我要擺脫貧困！我要成功！」單憑著這個意志，我一天天堅持下來，特別記得在那段時期，為了能上實用音樂補習班，我兼差送報賺取學費。我想做些能表達情感的事情，當時覺得大概就是音樂了，於是大約有一年的時間，放學後我都會去補習班練習，直到補習班關門為止。一邊吃著五百韓元的杯麵和御飯糰當作晚餐，一邊勾勒夢想。

但在升上高三後，不得不與現實妥協。由於我的歌唱實力沒有大幅提升，因此放棄就讀實用音樂系的目標，之後集中精力參加校內活動來充實個人學習歷程檔案。我參加讀書心得比賽，為了寫出讀後感，不得不開始閱讀一些課外書籍，卻讓我了解許多無法在學校學到的東西。

雖然沒有接受過名校生的高額課外輔導，但是透過閱讀那些被譽為偉人的人物故事，我學到了人生經驗。直到被稱為作家之前，在我二十多歲的時光中有一半的時間都在踽踽前行。在我剛開始寫作的初期，我希望我的文字能帶給他人力量和積極的影響；而現在，我期盼寫出能夠引起人們共鳴、帶給人們安慰的文章。比起藉由寫作宣揚自己的價值觀來感染他人，我更希望我所分享的內容能成為他人面臨抉擇時的參考。

事實上，現在我仍不敢相信，曾經連課本都不願意看的我、連自己的「己」和已經的「已」這種基本字形都分不清的我，如今竟然成為作家，這個事實本身就令人驚訝。如果把我的人生故事限定在中學時期，這個故事將會非常陰暗又殘酷。然而，我把之後的故事變成了另一種樣貌。也許現在仍然有人像過去的我一樣，覺得自己倒不如不出生還比較好，但在經歷艱難的時期後，我發現終點站有燦爛的收穫在等待著我。

雖然我還沒走到人生的一半，但我想要一直堅持下去。無論是夢想還是人際關係，每個人最初都是滿懷好奇開始的，中途可能會遇到困難，而在整個過程結束後，無論自己願不願意都可能會有所失去。然而，有一個方法一定能讓人獲得些什麼，那就是將經驗當作教訓。只要吸取教訓，從中不停地學習，就不會因為失手打開「人生」這個潘朵拉盒子而後悔。

為什麼要檢視自己的心

以前的我之所以情緒起伏很大、無緣無故地憂鬱，是因為我沒有好好檢視自己的心。如果不隨時檢查自己的內心，就容易受外部環境影響，陷入時時刻刻變化的情緒之中。這就是我有時必須拒絕別人的請求、拒絕成為好人，選擇自私一點的理由。如果過分迎合他人，我內在的情感就會全部耗盡，自然而然地感到倦怠。固然要堅守自己的本分，但也要了解自己的極限，不該勉強自己。

只有在明確設定前進的方向，穩住自己的重心而不偏向於其他事物時，恐懼才會消失。人之所以對未知的未來感到恐懼，是因為不知道自己是什麼樣的人。由於我們不了解自己，所以休息時仍會不安，覺得自己應該要做些什麼。只要知道自己要走向何處，知道自己喜歡什麼、討厭什麼、需要什麼，那麼，即使是在休息也不會感到壓力。**確實是這樣的。對於懂得檢視自己心靈的人來說，休息是將耗盡的能量恢復的時刻。**

跟欲望拔河

每個人都有欲望。欲望成為我們努力做事的動力，也成為我們在日復一日的乏味生活中撐下去的理由。只有在追求自己迫切想要的東西時，生活才能變得更加豐富多彩。

然而，我們的欲望有很多是從社會或別人那裡學來的。從小就聽到「要好好聽父母的話」或者「要和朋友們和睦相處」等規範，聽得耳朵都快要長繭了；不僅如此，成年後，我們被灌輸「要找到穩定的工作」、「工作穩定後要結婚生子」的觀念。我們不斷地拿自己和他人的外貌比較，一旦偏離大眾認為的正常範疇，就會自責和痛苦。我們希望能與藝人、網紅等羨慕對象越來越相似，對符合社會標準的人給予肯定，對於不符合標準的人則覺得不值一提。

我並不是想說這種現象是錯誤的。問題在於，如果用別人強加在我們身上的東西來填滿自己的內心，最終我們可能會失去自我。稍有不慎，就會連自己真正想要的是什麼都不知道，只是表面上裝作很幸福的樣子。這樣生活幾年，甚至幾十年之後，後悔的只會是自己，而不是別人。

接受別人的欲望是可以的，但與此同時，希望你也能培養思考的能力，釐清自己真正想要的是什麼。自己成為自己的主人，與讓別人掌握自己生活的主導權，這兩者是不同的。在「世界」這個舞台上，雖然我們不可能一直成為主角，但我相信，只要找到自己想要的東西，並且感受到它的意義，無論是誰都能在自己的人生中成為主角。

人，並非要改變而是要成長

不重複犯同樣的錯誤，這是機器才有可能做到的事。如果有人全面彌補了自己的缺點，帶給人一種不同於以往的印象，那麼你看待那個人的觀點很有可能會產生變化。也就是說，是你接受那個人原本的面貌，而不是那個人的性格發生一百八十度的大轉變。

就像我們能理解對方的缺點一樣，對自己的缺點也應該要寬容一些。如果是會帶給他人傷害的缺點，就應該努力改正，但是如果只是因為不喜歡自己而自責，那麼我想說，其實可以不用那麼在意也沒關係。

我曾經努力成為一個完美的人，以為這麼做是正確答案，但是不知從何時起，我發現我會把自己對完美的標準也強加於他人身上。那時我才恍然大悟，意識到自己錯了。

改變是世界上最難的事情，同時也是最容易的事情，之所以能說容易，是因為在下定決心改變的瞬間，就已經改變了一半。最重要的是，人雖然無法完全改變自己，但是透過不斷的努力和反饋，就會自然而然地成長，所以希望你不要認為自己的人生已經毀了，只要懷有一顆想要讓自己變得更好的心就夠了。真正有心這麼做的人，自然會做出其他相應的行為。

對旅行的看法

有些人去旅行後回到沉悶的現實中，會有這樣的想法：

「還不如把旅行的錢存起來買車呢！」

「要是用那些錢買一件昂貴的衣服就好了……」

他們會計較旅行中的花費可以挪做哪些用途，對於旅行一事感到後悔，但我認為旅行才是真正有價值的事情。凡是享受旅行的人，想必都會同意這句話。

如果只是把旅行當作逃避現實的手段，旅行的價值當然會下降。倘若你每次旅行回來都會自責，那麼我想向你介紹「Gap Year」，也就是所謂的

空檔年的概念。空檔年是指「中斷所有學業或工作，用來參加志工活動、旅行、思考未來方向等活動的時間」。韓國有個組織名為「韓國空檔年」，經營者安始俊代表在《旅行是最好的學習》（에행은 최고의 공부다）一書中表示：「在旅行的過程中，我原本認為的自我逐漸消失，開始發現一個全新的自己。」另外，他在許多旅行散文中也提到：「旅行並不是讓我們看到另一個世界，而是發現另一個自己。」旅行帶給我們的禮物，是我們未曾知曉的自己。懂得這個價值的人，會透過旅行反思自己，提升自我。韓國社會曾一度掀起人文學熱潮，如果說人文學是研究人類的學問，那麼旅行豈不是一門真正的人文學嗎？

比起在旅行地點用相機拍攝風景，我更專注於用第三人的視角在腦海中描繪我在當地看到的畫面，然後我會仔細觀察自己的心情，將細膩的情感化為具體的文字。日後回顧時這些記錄和當時拍的照片，就能在一定程度上重溫當時的感受：「喔～原來我當時是那樣想的啊！」如此便能擁有和自己對話的時間。

如果你正在對未來感到迷茫，不知該何去何從，那麼我建議你自己一個人去旅行一次。旅行永遠都可以成為檢視自己的契機，也能成為回憶、成為激勵自己的催化劑。

不好意思，今天我想休息一下

中國暢銷作家李尚龍的《你只是看起來很努力》一書中，以某個網路紅人的生活為例說明何謂「休息」。這位網紅除了寫書之外，還同時講課、看書，進行各種對外活動，一天內在經營事業的同時完成了好幾件事。某位學生問這位一秒鐘都不虛度的網紅說：「你怎麼可以同時做到這麼多事情呢？你不需要休息嗎？你是鐵人嗎？」他聽到之後回答：「做不同的事情就是休息啊！」李尚龍在書中接著說：「休息的方式根本不是瘋狂地睡大覺，而是換個腦子去做其他的事情。」

過去的我充滿熱情，非常同意這句話，不過我覺得就算現在處在什麼都不缺、非常理想的環境中，這種心態還是很難實踐；而且李尚龍聽說的網紅事蹟，也無從判定真假，因為沒有人在他身邊二十四小時觀察他。我覺得這樣的心態就是所謂的「領導人心態」。

我希望韓國社會聽到某人休息或是說出「我應該要休息」時，不要有先入為主的觀念。所謂先入為主的觀念就是認為「要不斷前進才是腳踏實地的人、如果不工作就是安於現狀」等等的認知和想法。如果你不斷前進，卻是在不知道方向的狀況下奔馳，那麼也沒有意義。有時需要透過休息來安撫疲憊的心，因為我們不是機器，是有尊嚴的人。

「不好意思，今天我想休息一下。」

我期待總有一天這個社會的任何人都能自然地說出這句話，而且其他人也不會對他有負面的評價。

結語

Conclusion

在電影《春風化雨》（Dead Poets Society）中，有個場景令我印象深刻。老師在課堂上突然跳到桌上問學生：「有沒有人知道我為什麼要跳上來？」老師接著說：「我是為了要從不同的角度來看這間教室。當你認為已經知道了，就要從別的角度來看。你們要努力找出自己的聲音。」

我們所生活的這個世界忙碌地運轉著，常常會出現新的問題。預料之外的困難總是讓人措手不及，有些事件則帶來無法消除的傷口。就算一個人整夜不睡尋找對策，也無法改變現實狀況，因此常常讓人感到無力。

這種時候「改變觀點」就像從每天坐著的位子上爬起來、站到書桌上那樣，要以更大的範圍來展望時間。面對同一個問題，一百個人的定義和觀點都不同，最後會有一百種正確答案。

希望我的觀點能對各位有助益，如果你是帶著一絲的期待翻開這本書，想要找出自己的結論，那麼希望這本書能帶給你靈感，就算只有一點點也好，因為當你認知到新的想法，新的想法便從那刻起就開始存在了。

我懇切地期盼當你闔上這本書時，能找到讓自己完全休息的地方，無論那個地方是哪裡。

CLAM

國家圖書館出版品預行編目(CIP)資料

今天,我想休息一下：了解活得疲憊的根源,告別人際煩惱,找回滿臉笑容的自己/孫力燦(緒方真理人)著；葛瑞絲翻譯. -- 初版. -- 新北市：大樹林出版社, 2024.01
面；　公分. -- (心裡話；20)
ISBN 978-626-97814-5-4(平裝)

1.CST: 人生哲學 2.CST: 生活指導

191.9　　112020182

心裡話 20

今天，我想休息一下

：了解活得疲憊的根源，告別人際煩惱，找回滿臉笑容的自己

오늘은 이만 좀 쉴게요 (10만 부 기념 스페셜 에디션)

作　　者／孫力燦（緒方真理人／손힘찬）
翻　　譯／葛瑞絲
總 編 輯／彭文富
主　　編／黃懿慧
插　　畫／Bianco Tsai
封面設計／Bianco Tsai
內文排版／菩薩蠻
校　　對／邱月亭、楊心怡
出 版 者／大樹林出版社
營業地址／23357 新北市中和區中山路 2 段 530 號 6 樓之 1
通訊地址／23586 新北市中和區中正路 872 號 6 樓之 2
電　　話／(02) 2222-7270　　傳　　真／(02) 2222-1270
E-mail／notime.chung@msa.hinet.net
官　　網／www.gwclass.com
Facebook／www.facebook.com/bigtreebook
發 行 人／彭文富
劃撥帳號／18746459　　戶　　名／大樹林出版社
總 經 銷／知遠文化事業有限公司
地　　址／222 新北市深坑區北深路三段 155 巷 25 號 5 樓
電　　話／02-2664-8800　　傳　　真／02-2664-8801
初　　版／2024 年01月

定價／380 元　港幣：127 元　ISBN／978-626-97814-5-4